УЧИТЕ АНГЛИЙСКИЙ (ENGLISH) БЫСТРО И ВЕСЕЛО

Second Edition

by Thomas R. Beyer, Jr., Ph.D.
Professor of Russian
Middlebury College, Vermont

Маленькие часы, изображенные выше, помогут Вам в работе с нашим учебником. Они отмечают пятнадцатиминутные интервалы. Каждый день Вы можете пройти один такой интервал или больше, как Вам удобнее.

СОДЕРЖАНИЕ

For Dorothea, Carina, Stefanie and Alexandra. Special thanks to all my Russian friends and the millions more who learn English so that they can better understand us.

Cover and book design: Milton Glaser, Inc.
Illustrations: Juan Suarez

All inquiries should be addressed to:
Barron's Educational Series, Inc.
250 Wireless Boulevard
Hauppauge, NY 11788
http://www.barronseduc.com

ISBN-13: 978-0-7641-3623-8 (book only)
ISBN-10: 0-7641-3623-2 (book only)
ISBN-13: 978-0-7641-9300-2 (book and audio CD package)
ISBN-10: 0-7641-9300-7 (book and audio CD package)
Library of Congress Cataloging-in-Publication Number 2006042956

Library of Congress Cataloging-in-Publication Data

Beyer, Thomas R.
[Uchite angliiskii bystro i veselo] / by Thomas R. Beyer, Jr. — 2nd ed.
p. cm.
Cover title: Learn English the fast and fun way
ISBN-13: 978-0-7641-3623-8 (alk. paper)
ISBN-10: 0-7641-3623-2 (alk. paper)
ISBN-13: 978-0-7641-9300-2 (alk. paper : book and cds)
ISBN-10: 0-7641-9300-7 (alk. paper : book and cds)
1. English language—Composition and exercises. 2. English language—Textbooks for foreign speakers—Russian. I. Title. II. Title: Learn English the fast and fun way.

PE1129.S4B477 2007
428.2′49171—dc22 2006042956

PRINTED IN CHINA
9 8 7 6 5 4 3 2 1

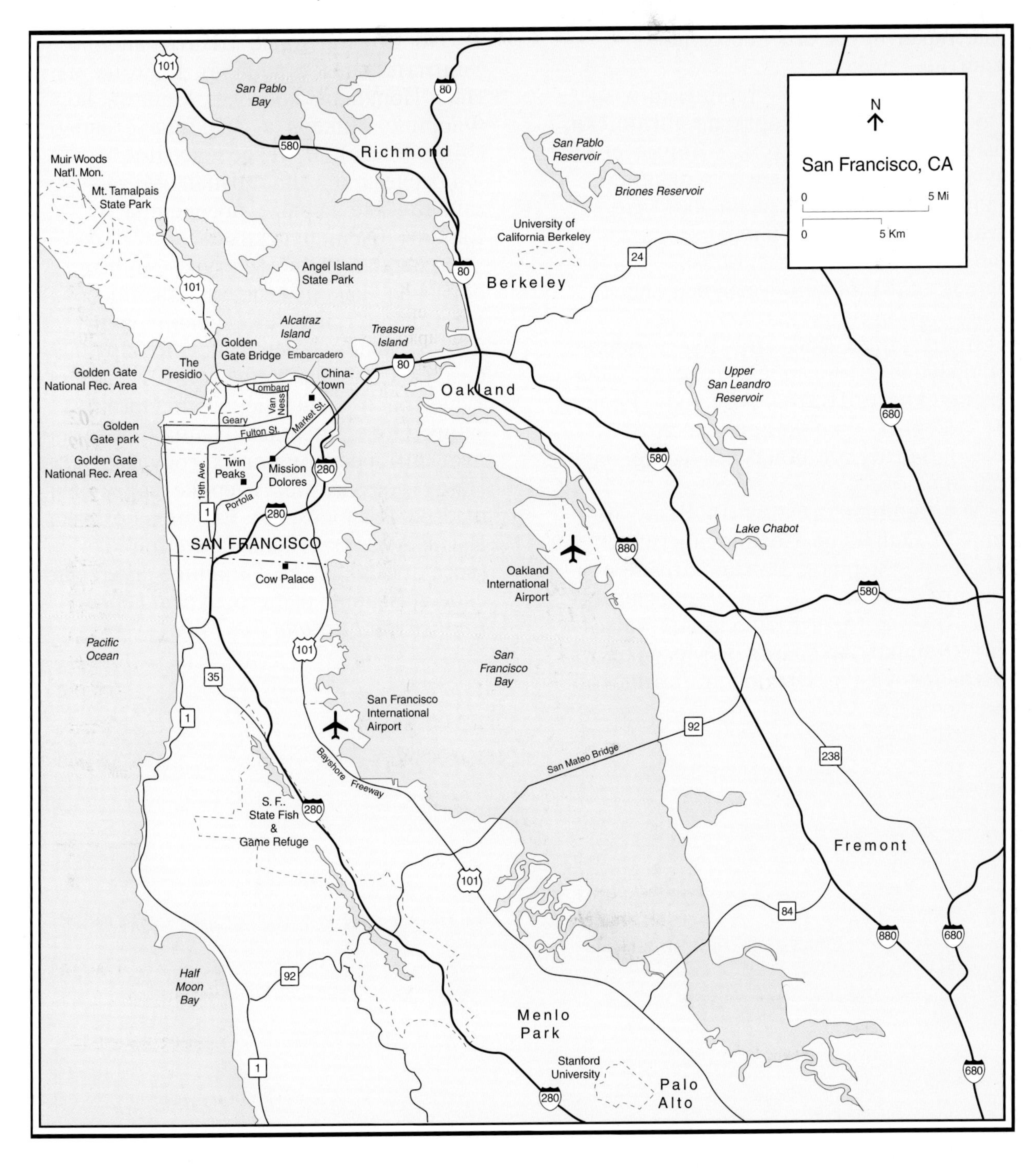

Весь мир слушает, читает, говорит по-английски. В двадцать первом веке английский является языком общения в Интернете, в мире экономики, торговли, и политики. Дети слушают и поют по-английски. По некоторым данным, английский является родным языком для 500,000,000 человек.

Он употребляется как официальный язык в более 50-и странах, где живет один миллиард человек. И 500 миллионов учатся английскому ежегодно.

Английский как один из индоевропейских языков имеет длинную и богатую историю развития. И сам факт, что на нем говорят два миллиарда, гарантирует его постоянное развитие.

Английский язык—терпимый язык, и люди, которые говорят по-английски, обычно относятся к тем, которые его изучают с уважением и с терпением. Мало, кто считает в наши дни, что может быть одно правильное произношение, или единая система грамматики или минимальный запас слов.

Наша книга знакомит Вас с общими правиламн английского, как языка Соединенных Штатов Америки. Если Вы говорите или пишете на этом языке, Вас будут понимать везде на всей планете.

Мы решили ограничить Вашу поездку и наш курс Соединенными Штатами Америки. В этой стране мы говорим о себе, что мы американцы—несмотря на то, что миллионы жителей Америки находятся в Мексике, не говоря уже о Южной и Латинской Америке.

Но Соединенные Штаты вполне занимательная страна от Бостона и Нью Йорка на востоке, Майами во Флориде, Чикаго в середине страны (Мид Уэсте), и Техаса до Лос Анджелеса и Сан Франсиско на западе—где первые поселенцы из Европы были русскими.

Американская культура—многообразная, как и язык американцев. На Волл Стрите, ежедневно начинается жизнь Американской биржи. Статуя Свободы приветствует тысячи туристов и бизнесменов, и Организация Объединенных Наций представляет интересы мировых государств. Нашу поездку по Америке совершим быстро—галопом по Европе, но пока Вы в Америке, надо “have fun” (веселиться). Итак типичное американское название нашего курса *Learn English the Fast and Fun Way.*

Английское произношение

Произношение—важная часть любого английского курса. Даже если Вы знаете все слова, но произносите их неправильно, Вас никто не поймет. Здесь "повторение мать учения". Послушайте и повторите как можно чаще в течение Вашей работы с нашим учебником. Некоторых английских звуков нет в русском языке, в особенности сочетание **th,** которое произносится глухим и звонким звуком. Главное в произношение этих звуков—держать язык между зубами (вспомните, как детям говорят "не показывай язык"). Английский язык является сочетанием разных языков в долгой исторической традиции. Поэтому буквы не всегда совпадают с единым звуком. У Вас будет практика и в устной и в письменной речи. А пока послушайте и повторите.

Английский	**Примеры**	**Символ**
	VOWELS	
a in f**a**ther	**а**	**a**
a in c**a**t	**а**	**a**
a in h**a**te	**эй**	**ei**
e in g**e**t	**э**	**e**
e in f**ee**t	**и**	**I**
i in **i**ce	**ай**	**ai**
i in **i**t	**и**	**i**
i in mach**i**ne	**и**	**I**
o in t**o**e	**о**	**o**
o in **o**rder	**о**	**o**
oo in b**oo**t	**у**	**u**
u in c**u**te	**ю**	**yu**
u in c**u**t	**а**	**u**
	CONSONANTS	
b in **b**ar**b**er	**б**	**b**
c in **c**ar	**к**	**k**
c in **c**ent	**с**	**s**
c in o**c**ean	**ш**	**sh**

Английский	**Примеры**	**Символ**
ch in **ch**eck	**ч**	**ch**
d in **d**entist	**д**	**d**
f in **f**arm	**ф**	**f**
g in **g**ame	**г**	**g**
g in **g**erm	**дж**	**j**
h in **h**ome	**х**	**h**
h in **h**our	—	—
j in **j**ar	**дж**	**j**
k in **k**iss	**к**	**k**
l in **l**amp	**л**	**l**
m in **m**usic	**м**	**m**
n in **n**ame	**н**	**n**
p in **p**ark	**п**	**p**
q in **q**uit	**к**	**k**
r in **r**ose	**р**	**r**
s in **s**un	**с**	**s**
s in hi**s**	**з**	**z**
sh in **sh**ow	**ш**	**sh**
t in **t**omorrow	**т**	**t**
th in **th**e		**Z**
th in **th**ink		**S**
v in **v**acation	**в**	**v**
w in **w**eekend	**у+гласная**	**u+**
x in xero**x**	**кс**	**x**
x in **x**ylophone	**з**	**z**
y in **y**es	**й**	**y**
z in **z**ebra	**з**	**z**

Агнлийский алфавит

В английском алфавите двадцать шесть букв. Дети сперва учатся писать печатными буквами и только в третьем классе или позже они пишут курсивом. Иногда Вы будете встречать слова “**Please print,**” что значит "заполните печатными буквами". По-этому с самого начала Вы должны учиться писать и так и так.

Typed/Computer	Printed	Written/Script
A a	A a	A a
B b	B b	B b
C c	C c	C c
D d	D d	D d
E e	E e	E e
F f	F f	F f
G g	G g	G g
H h	H h	H h
I i	I i	I i
J j	J j	J j
K k	K k	K k
L l	L l	L l

M m

N n

O o

P p

Q q

R r

S s

T t

U u

V v

W w

X x

Y y

Z z

ДАВАЙТЕ ПОЗНАКОМИМСЯ

(GUE-ting) (tu) (no) (PI-pel)
Getting to Know People

1 Let's Converse

(lets) (kon-VERS)
Давайте разговаривать

Когда Вы приедете в Соединенные Штаты Америки или в другую страну, где говорят по-английиийски, Вы захотите приветствовать и общаться с людьми и начинать и вести разговоры.

Иван Годунов, его жена, Вера, и их семья только что приехали в Нью Йорк, в аэропорт Кеннеди. У них постоянная проблема путешественников, они ищут свои чемоданы. Иван подходит к сотруднику авиакомпании.

(ai) (SUT-keis-es)
ИВАН **Good morning, sir. I am looking for my suitcases.**
Доброе утро, господин. Я ищу мои чемоданы

(O-kei) (uats) (yor) (neim)
РАБОТНИК **O.K. What's your name?**
Хорошо. Как вас зовут?

(mai)
ИВАН **My name is Ivan Godunov.**
Меня зовут Иван Годунов.

(uer) (did) (yu) (kam) (fram)
РАБОТНИК **Where did you come from?**
Откуда вы приехали?

ИВАН **I came from Russia.**
Я преихал из России.

(uat) (iz) (ze) (NOM-ber) (flait)
РАБОТНИК **What is the number of your flight?**
Какой номер вашего рейса?

(Sri) (HON-dred)
ИВАН **Flight three hundred and three, from Moscow.**
триста три, из Москвы.

(uan) (MO-ment) (pliz)
РАБОТНИК **One moment, please.**
Минуточку, пожалуйста.

*Желтый цвет обозначает слова и выражения, которые Вы дольны выучить наизусть.

Читайте диалог вслух несколько раз; произносите каждую строчку четко и ясно. В диалоге находятся слова и выражения, которые Вам нужны для знакомства.

Вставьте пропущенные слова. Заполняйте печатными буквами. **(Please print.)**

ИВАН **G ________ M ________, sir. I am looking for my ______________.**

СОТРУДНИК **O.K. What is ________________________________?**

ИВАН **______________________ Ivan Godunov.**

СОТРУДНИК **Where ______________________________?**

ИВАН **I ____________________ from ____________________________.**

СОТРУДНИК **What is the ____________________ of your ____________________?**

ИВАН **________________ 303, __________________ Moscow.**

СОТРУДНИК **One moment, __________________________________.**

Послушайте еще раз и потом ответьте на вопросы.

Как Вы обращаетесь к незнакомому человеку утром? ____________________

Как Вы скажете, где Ваши вещи? In ______________________________

Как Вы ответите на вопрос: "Как Вас зовут"? ______________________

Где Вы живете? ____

Откуда Вы приехали? ____________________________________

Американцы очень вежливы и общительны, между собой, и с иностранцами. Как Вы скажете "пожалуйста," когда у Вас есть вопрос или просьба?

____

Пока сотрудник занимается багажом, Иван встречает старую знакомую, бывшую преподавательницу, в аэропорту.

(hau) (ar)

MRS. JONES **Ivan! How are you?**

Как вы поживаете?

(he-LO) (uel) (Senks)

IVAN **Mrs. Jones! Hello. Well, thanks, and you?**

Здравствуйте. Хорошо, спасибо, а вы?

ОТВЕТЫ

Good morning, suitcases; your name; My name is . . . ; do you come from? come, Russia; number, flight; Flight, from; please. Вопросы: Good morning; a suitcase; My name is . . . ; I live in . . . I come from . . . ; please.

(VE-ri) (Senk) (an) (vei-KEI-shon)

MRS. JONES **Very well. Thank you. Are you on vacation?**
Очень хорошо. Спасибо. Вы в отпуске?

(uiS) (mai) (FAM-mi-li) (uaif) (DO-ter) (ail) (in-tro-DUS)

IVAN **Yes, with my family: my wife, my daughter and my son. I'll introduce you.**
Да, с моей семьей: жена дочь и сын Я Вас представлю.

(TI-cher)

Vera, Mrs. Jones, my teacher.
моя преподавательница

(plizd) (mit)

VERA **Pleased to meet you.**
Очень приятно познакомиться.

(seim) (hir)

MRS. JONES **The same here.**
Взаимно.

1. Как Вы скажете "здравствуйте"? ________________

2. Как Вы узнаете, как он/она поживает? ________________

3. Когда спрашивают "как дела", как Вы ответите?

____

4. Когда Вас познакомят, что можно сказать?

____

Сотрудник авиакомпании подходит.

(ek-SKYUZ) (mI) (a-RAIV-ing) (tu-MA-ro)

EMPLOYEE **Excuse me, your suitcases are arriving tomorrow.**
Извините, ваши чемоданы привезут завтра.

IVAN **Oh, no! Thank you!**
Да, что вы! Спасибо.

(UEL-com)

EMPLOYEE **You're welcome.**
Пожалуйста.

(gud-BAI)

IVAN **Goodbye!**
До свидания.

(sI)

EMPLOYEE **Goodbye, I'll see you tomorrow.**
До свидания. Увидимся завтра.

ОТВЕТЫ

1. Hello. **2.** How are you? **3.** Very well, thank you. **4.** Pleased to meet you.

5. Как по-английски "Извините"? ______________________

6. Какие слова в диалоге выражают неудовольствие? ______________________

7. Как по-английски "спасибо"? ______________________

8. Если Вам говорят "спасибо", как Вы реагируете? ______________________

9. Как по-английски "До свидания"? ______________________

10. Вы вернетесь завтра. Что можно сказать? ______________________

Составьте полные предложения, с данными словами.

11. good, sir, morning ______________________

12. name, your, what's? ______________________

13. in Russia, I live ______________________

14. please, moment, one ______________________

15. you, are, how? ______________________

16. suitcases, my, I am, for, looking ______________________

(ri-MEM-ber)

Remember

Запомните

Прочитайте вслух и запишите новые слова.

(EIR-port)
the airport
аэропорт ______________________

(em-PLOI-i)
the employee
сотрудник ______________________

ОТВЕТЫ

5. Excuse me. **6.** Oh, no! **7.** Thank you. **8.** You're welcome. **9.** Goodbye. **10.** I'll see you tomorrow. **11.** Good morning, sir. **12.** What's your name? **13.** I live in Russia. **14.** One moment, please. **15.** How are you? **16.** I am looking for my suitcases.

(SUT-keis-ez)
the suitcases
чемоданы

(yu-NAIT-ed) (steits)
the United States
Соединенные Штаты

(flait)
the flight
полет (или рейс)

(HOS-band)
the husband
муж

(uaif)
the wife
жена

(son)
the son
сын

(DO-ter)
the daughter
дочь

the family
семья

(RA-sha)
Russia
Россия

Единственное и Множественное Число

Множественное число обычно образуется прибавлением **-S** или **-ES** к форме единственного числа:

	(flait) *(flaits)*	*(DO-ter)* *(DO-terz)*	*(cherch)* *(CHER-chez)*
Например:	**flight, flights**	**daughter, daughters**	**church, churches**
	полет полеты	дочь дочери	церковь церкви

Когда единственное число оканчивается буквой **-Y** после согласного, множественное число образуется заменой **-Y** на **-I** плюс **-ES**.

	(SI-ti) *(SI-tiz)*	*(KON-tri)* *(KON-triz)*
Например:	**city, cities**	**country, countries**
	город города	страна страны

Когда единственное число оканчивается буквой **-Y** после гласного, множественное число образуется прибавлением **-S**.

	(DON-ki) *(DON-kiz)*	*(ki)* *(kiz)*
Например:	**donkey, donkeys**	**key, keys**
	осел осла	ключ ключи

Впишите правильные формы единственного числа на левую сторону и формы множественного числа на правую сторону.

(boi)
boy
мальчик

 ____________  ____________

(MO-Zer)
mother
мать

 ____________   ____________

(FA-Zer)
father
отец

 ____________  ____________

(ho-TEL)
hotel
гостиница

 ____________  ____________

(FLAU-er)
flower
цветок

____

____

(haus)
house
дом

____

____

(fut)
foot
нога

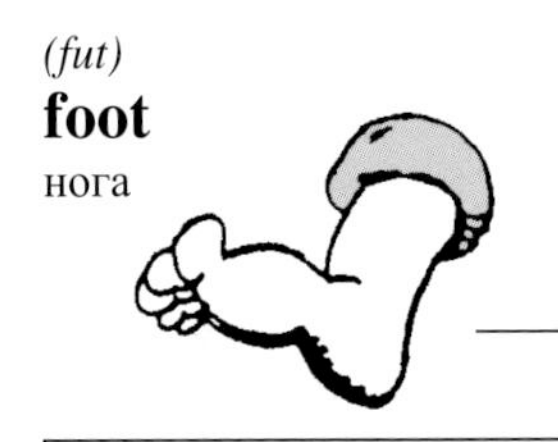

____

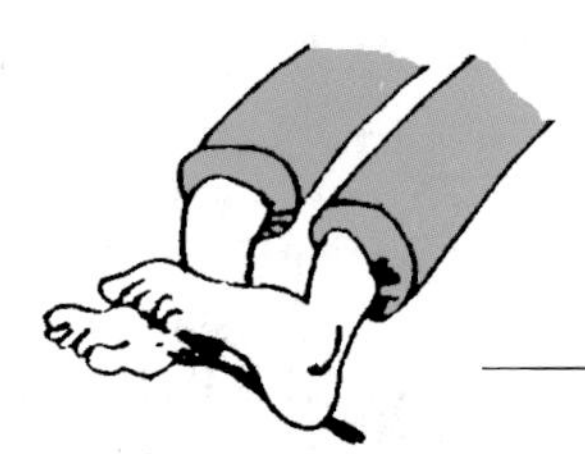

____

В любом языке есть исключения, которые Вы должны выучить наизусть. В английском языке некоторые важные существительные образуют множественное число изменением корня. Например: нога = **foot,** ноги = **feet;** мужчина = **man,** мужчины = **men;** женщина = **woman,** женщины = **women**; ребенок = **child**, дети = **children**.

"A" and "An"

Один, одна, одно

В английском перед существительными употребляются артикли. Неопределенный артикль **a** обозначает "один, одна, одно" и употребляется с существительными единственного числа. Форма **a** употребляется перед словом, которое начинается с согласного звука. Артикль **an** употребляется перед словом, которое начинается с гласного звука.

	(UO-man)	*(buk)*	*(AP-el)*
Например:	**a woman**	**a book**	**an apple**
	женщина	книга	яблоко

Вставьте правильную форму артикля **a** или **an**.

1. _______________ flower
2. _______________ husband
3. _______________ orange (апельсин)
4. _______________ egg (яйцо)
5. _______________ flight
6. _______________ book
7. _______________ father
8. _______________ employee
9. _______________ arm (рука)

ОТВЕТЫ

1. a **2.** a **3.** an **4.** an **5.** a **6.** a **7.** a **8.** an **9.** an

Обратите внимания на вопросы в следующих предложениях! В ответ мы употребляем неопределенные артикли **a** или **an.**

(hu) *(iz) (it)*	*(uat)*
Who is it?	**What is it?**
Кто это?	Что это?

1. It is a boy.

2. ______________________________

3. ______________________________

4. ______________________________

5. ______________________________

ОТВЕТЫ

2. It is a family. **3.** It is a flower. **4.** It is a house. **5.** It is an arm.

LET'S TALK ABOUT RELATIVES

(tok) (a-BAUT) (REL-a-tivz)

Давайте поговорим о родственниках

Давайте познакомимся с семьей Мэри и Джосефа. Напишите новые слова курсивом для членов семьи.

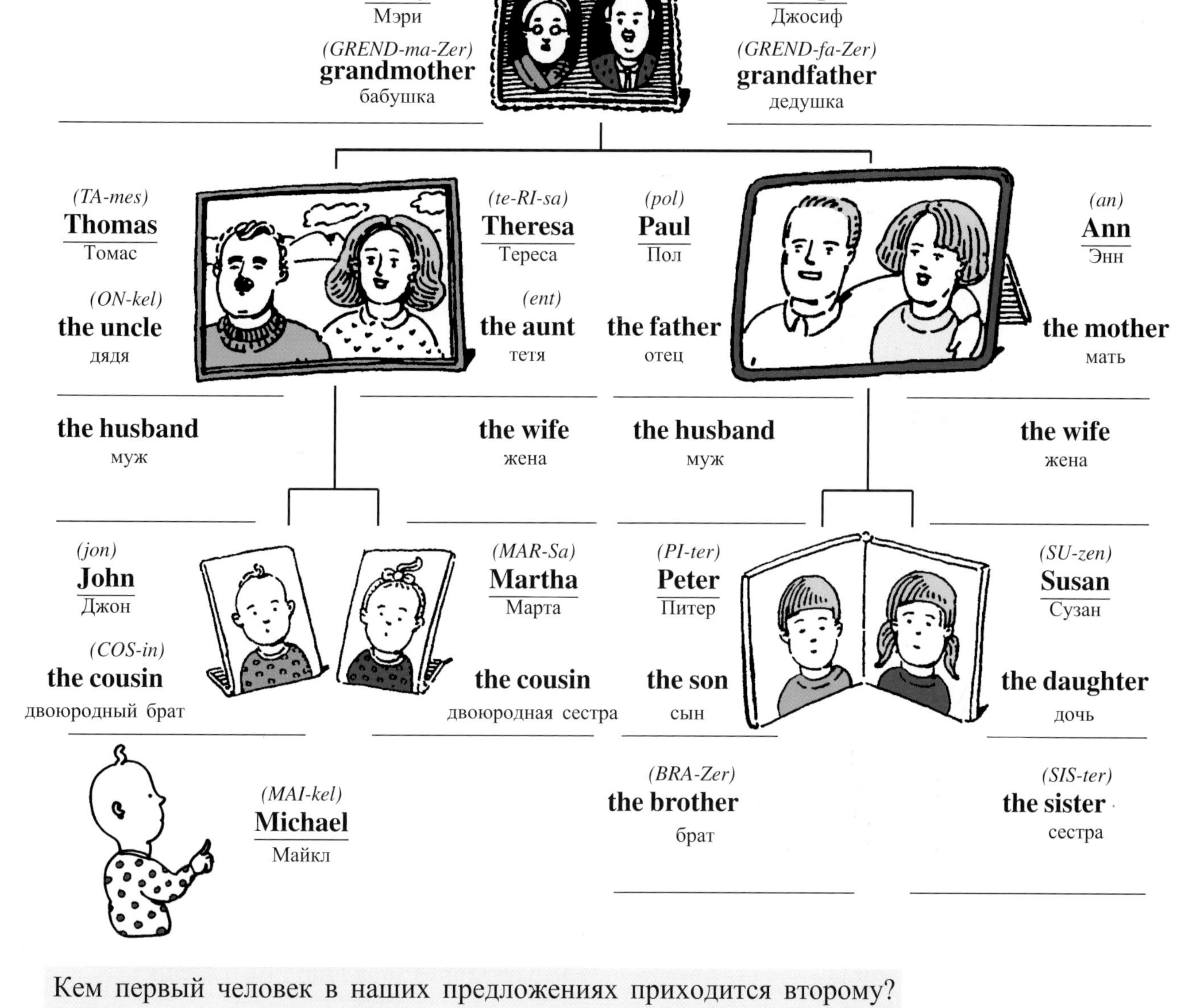

Кем первый человек в наших предложениях приходится второму?

1. Joseph is Thomas's *father*.
2. Theresa is Thomas's ________________.
3. Paul is Mary's ________________.
4. Susan is Peter's ________________.

ОТВЕТЫ

Fill in: **2.** wife **3.** son **4.** sister

5. Ann is Martha's ________________.

6. Theresa is Martha's ______________.

7. Paul is Peter's ____________________.

8. Ann is Joseph's ____________________.

Понимаете ли Вы наш маленький рассказ?

(a-RAIVS) (uiS) (hiz) (nu YORK) (luks)
Ivan arrives with his family in New York on a flight from Moscow. He looks for his suitcases.
приезжает с свой в на из ищет

(klerk) (sez)
The clerk says, "Good morning, sir. Your suitcases are arriving tomorrow."
говорит

(gud) (grIf) (uiS-AUT)
"Good grief!" says Ivan, "In New York and without suitcases!"
Боже мой! и без

(livz) (TU-rist)
Ivan lives in Russia. His name is Ivan Godunov. He is a tourist. The teacher, Mrs. Jones,
живёт турист

(PEI-shent) (uil) (bI)(e-NO-Zer) (dei)
arrives and says, "Ivan, how are you? Be patient. Tomorrow will be another day!"
терпеливы завтра все будет по другому

Ivan arrives with his family.

Выберите правильный вариант для каждого предложения:

1. **Ivan arrives in** **New York / Russia. / Moscow**
2. **Ivan** **lives / looks for / says** **his suitcases.**
3. **Mrs. Jones** **arrives / looks for / says** **"Be patient."**
4. **Mrs. Jones is Ivan's** **teacher / daughter. / mother**

ОТВЕТЫ

5. aunt **6.** mother **7.** father **8.** daughter
Complete the sentences: 1. Ivan arrives in New York. **2.** Ivan looks for his suitcases.
3. Mrs. Jones says "Be patient." **4.** Mrs. Jones is Ivan's teacher.

Вставьте правильную форму множественного числа.

1. son ________________
2. city ________________
3. donkey ________________
4. boy ________________
5. father ________________
6. flower ________________

Вставьте **a** или **an.**

1. ________________ employee
2. ________________ house
3. ________________ apple
4. ________________ flight
5. ________________ orange
6. ________________ book

Послушайте и повторите вслух слова, которые описывают предметы в доме Ивана.

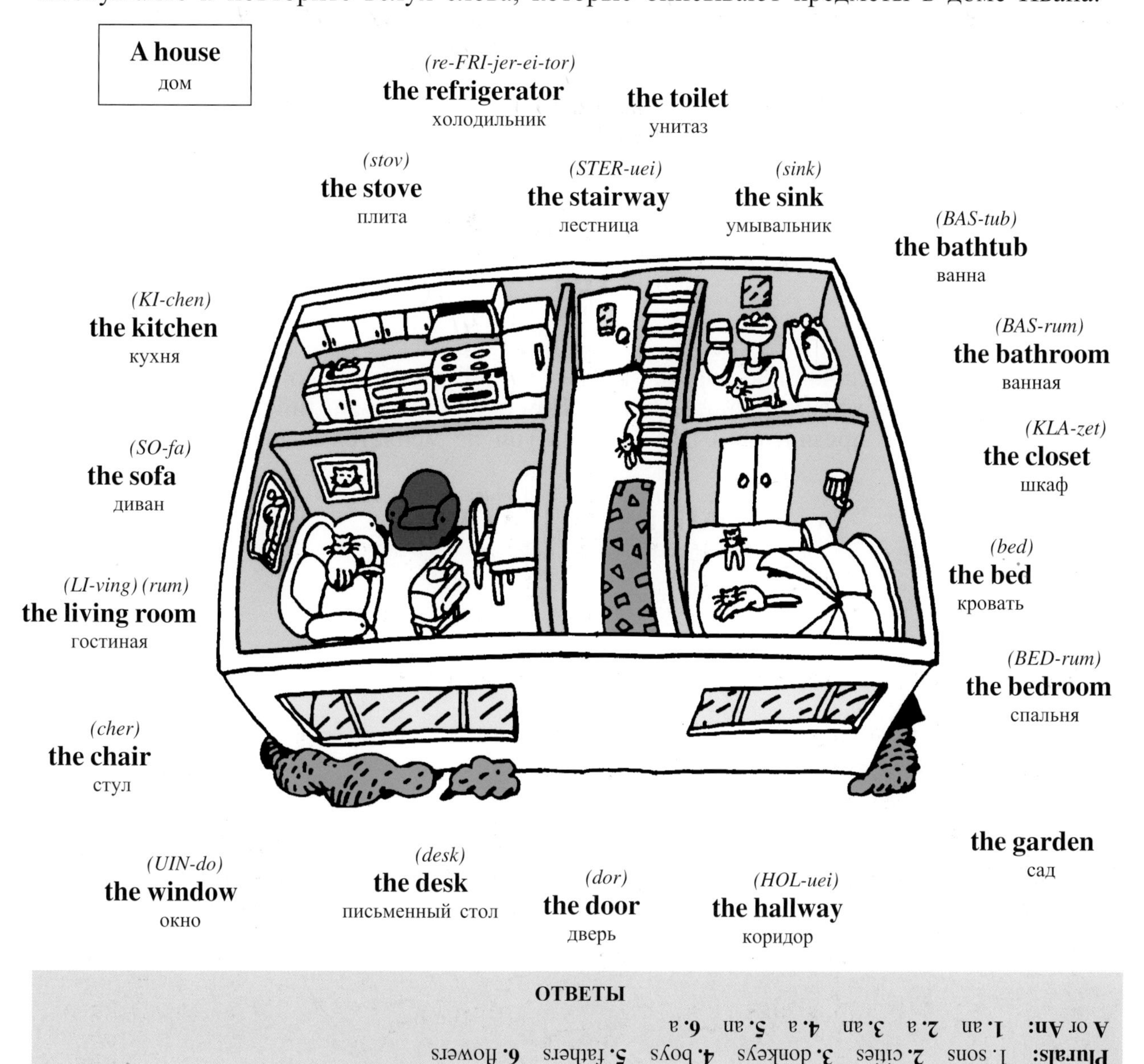

ОТВЕТЫ

Plurals: 1. sons 2. cities 3. donkeys 4. boys 5. fathers 6. flowers

A or An: 1. an 2. a 3. an 4. a 5. an 6. a

ПРИЕЗД

(e-RAI-vel)
Arrival

2 On Finding a Hotel

(FAIND-ing) *(ho-TEL)*
Как найти номер в гостинице

Категория рода (мужской, женский, средний) в английском языке определяется логически, она не выражается грамматически во форме слова. Определенный артикль **the** употребляется и для единственного и множественного числа.

the flight	**the mother**	**the uncle**
the flights	**the mothers**	**the uncles**

Очень просто, правда?
Например:
дом ____________ мальчик ____________ чемодан ____________

You

Ты и вы

В английском не различаются формы "ты" и "вы". Простое слово **you** употребляется и в единственном и множественном числе. **How are you?** по-английски говорят и маленьким детям, и президенту США. Форма **you** не меняется в других падежах.

(som) *(YUS-fel)* *(uerdz)*
SOME USEFUL WORDS

некоторые полезные слова

(TA-ksi)
a taxi
такси

____

(pei)
to pay
платить

____

(get) (aut) (af)
to get out of
выходить

____

ОТВЕТЫ

the house, the boy, the suitcase

Вы наверно забронировали номер в гостинице или Вы остановитесь у родственников—хотя бы на пару суток. Все равно, Вы должны знать на всякий случай следующие основные слова и выражения.

Напишите новые слова курсивом.

ARRIVAL

Приезд

(gest)
The guest arrives at the hotel in a taxi.
гость приезжает в

(peiz)
He pays and gets out of the taxi. He enters the hotel,
платит выходит из входит

(spiks)
and speaks with the clerk at the desk.
говорит с у регистрации.

(EN-ter)
to enter
входить

____

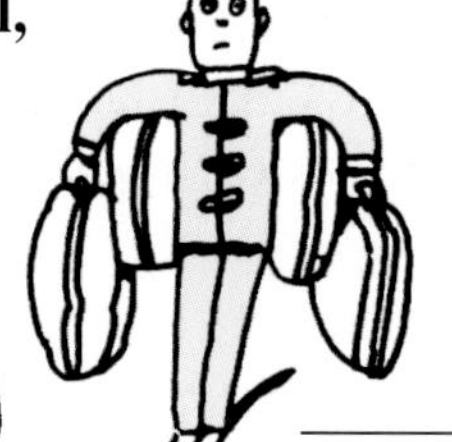

to arrive
приезжать

____

to speak, to talk
говорить

____

the desk
регистрация

____

(du) (uant)
THE CLERK **Good morning, sir. Do you want a room?**
хотите номер

(SIN-gel)
THE GUEST **Yes, please, a single room with bath.**
одноместный с ванной

(DO-bel)
(а потом) **A room with a double bed.**

(ME-ni) (naits)
THE CLERK **For how many nights?**
На сколько суток

(SPEN-ding) (dei)
THE GUEST **For one. I am spending only one day in the city.**
На одни. я провожу всего один день в городе.

(uil)
THE CLERK **How long will you be in New York?**
Как долго вы будете в Нью Йорке

(O-nli) (uan) (uik) (bi-KAUZ) (BIZ-nes)
THE GUEST **Only one week. Because of business.**
Всего одну неделю. По бизнесу/делам

(Zats) (tu) (uel) (ken) (help)
THE CLERK **Oh, that's too bad. Well, if I can help you, please tell me.**
Ах, как жаль. Ну, если я могу помочь, скажите мне.

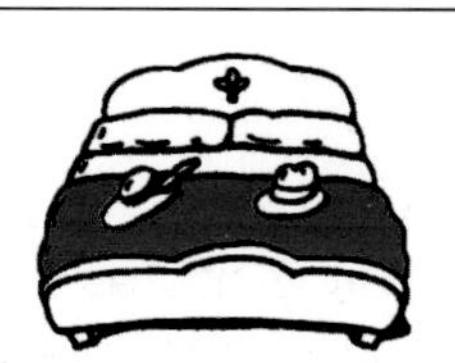

the double bed
двуспальная кровать

____

the room
номер

____

Прослушайте и повторите еще раз наш текст о приезде. Обратите внимание на глагольные формы. Вы наверно заметили на сколько проста английская грамматика в сравнение с русской.

Выучите формы спражения глагола в настоящем времени.

ГОВОРИТЬ	
я говорю	мы говорим
ты говоришь	вы говорите
он / она / оно } говорит	они говорят

TO SPEAK	
I speak	**we speak**
you speak	**you speak**
he / she / it } speaks	**they speak**

В английском настоящее время глагола очень просто. Только в третьем лице единственного числа добавляется **-s** после **he, she, it.**

Если Вы понимаете принципы формирования глагола, Вы можете без проблемы вставить правильные формы в следующие предложения.

to want хотеть	1. I _________ to learn English. *(lern)*
to buy покупать	2. You _________ a new watch. *(uach)*
to pay платить	3. He _________ for the hotel.
to stay останавливаться	4. She _________ in New York.
to arrive приезжать	5. We _________ at the airport. *(ER-port)*
to speak говорить	6. They _________ English very well.

ОТВЕТЫ

1. want **2.** buy **3.** pays **4.** stays **5.** arrive **6.** speak

Даже если номер в гостинице на первое время уже забронирован, Вам полезно будет знать, как заказать номер в другой гостинице. Напишите следующие фразы курсивом.

A single room, please.

___

(tu)
A room for two, please.
на двоих

___

I want a room with a bath.

___

A room with a single bed, please.

___

How much is it?
Сколько стоит?

___

(pei)
Do I pay now?
Платить теперь?

___

(IN-said)
I want an inside room.
внутренний (окнами во двор)

(AUT-said)
outside
внешний (окнами на улицу)

___

(SOM-Sing)
If You Want to Ask for Something
Как спрашивать и просить

В любой гостинице (в любом разговоре) у Вас будут вопросы и просьбы. Обратите внлимание на то, как по-английски задавать вопрос или просить чего-нибудь. Обратите внимание на порядок слов и выражение **Do you want . . . ?**

Are there any inside rooms?

Do you want to buy a watch?
Вы хотите

Is there a single bed in the room?

Do you want a double bed?

Напишите курсивом следующие слова.

(BEL-hop)
the bellhop
швейцар

____

(LAB-i)
the lobby
вестибюль

____

(ki)
the key
ключ

____

(KE-ri)
to carry
носить

____

(el-e-VEI-ter)
the elevator
лифт

____

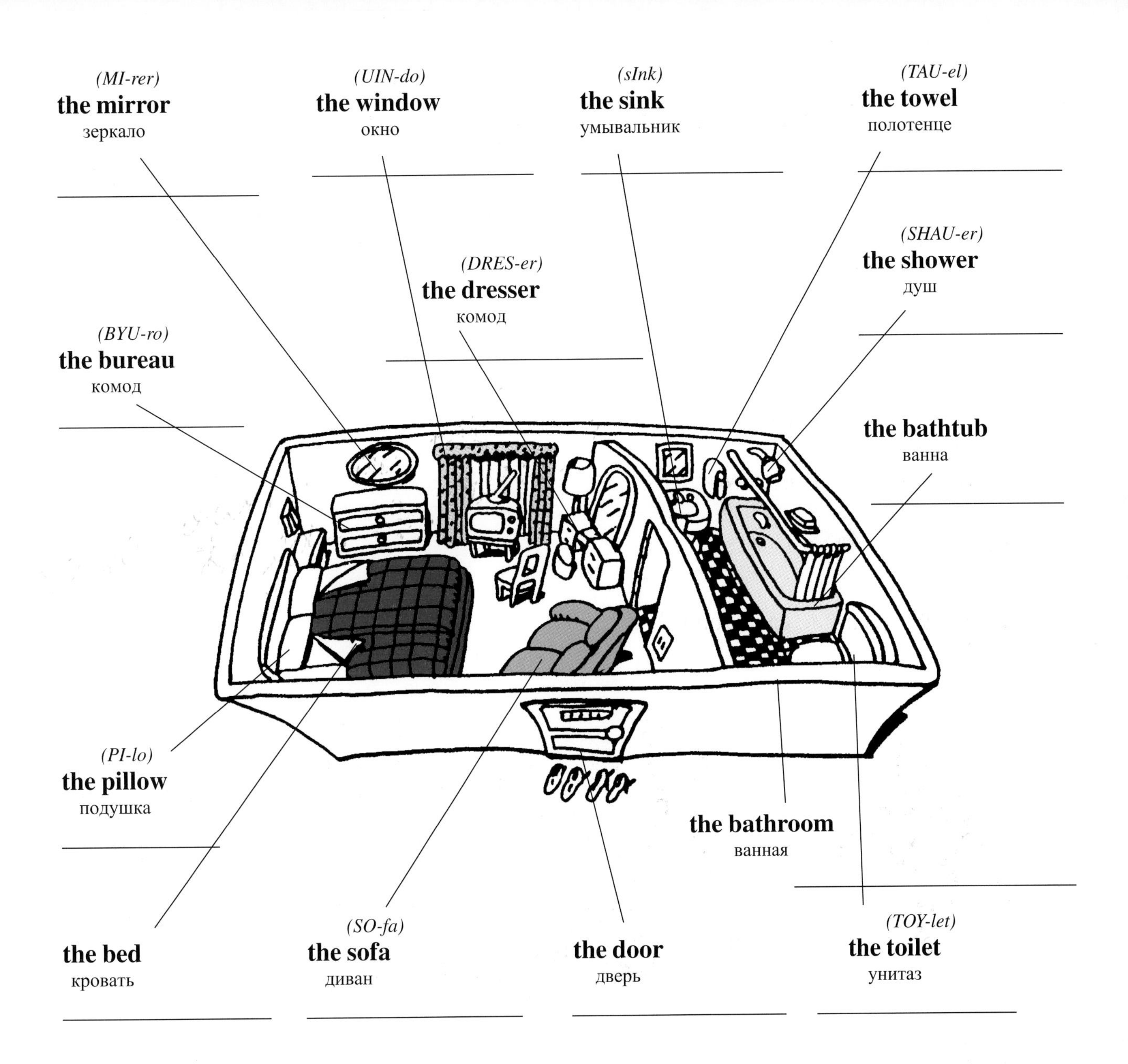

There is, there are = Есть
Is there, are there? = Есть?

Например: **Are there inside rooms?**
Yes, there are inside and outside rooms.

Is there an inside room?
Yes, there is an inside room.

В английском употребляется **There is** или **Is there** когда речь идет об одном предмете или об имени существительном в единственном числе. Когда Вы имеете ввиду больше одного предмета, употребляются фразы **There are** или **Are there**.

Обратите внаминие на образец и вставьте: **Is there? Are there?**

1. **(bed) Is there a bed in the room?**
2. **(dresser)**
   ____?
3. **(closets)**
   ____?
4. **(sofa)**
   ____?
5. **(windows)**
   ____?

(hau) (moch) *(ME-ni)*

How Much? How Many?

Сколько? Сколько?

В английском языке есть два вопроса, которые заменяют русское слово "сколько". **How much** употребляется с существительными неисчисляемыми в единственном числе. **How many** употребляется с существительными исчисляемыми в множественном числе.

Например: **How much soup do you want?**
суп

(naits)
For how many nights do you want the room?
ночи/сутки

Когда речь идет о стоимости вещей, всегда говорите: **How much?**

(doz) *(kost)*
Например: **How much does the room cost?**
стоить

или просто: **How much is the room?**

Если что-нибудь не понятно как работает в Вашем номере, Вы всегда можете попросить, чтобы показали, как пользоваться.

(ken) *(sho)*
Can you show me how to use the shower?
показывать как пользоваться

В результате Вы избегаете неприятностей с душем.

ОТВЕТЫ

2. Is there a dresser in the room? **3.** Are there closets in the room? **4.** Is there a sofa in the room? **5.** Are there windows in the room?

Чтобы узнать что это такое по-английски, Вы спрашиваете **What is it?** Кто это по-английски = **Who is it?** Напишите ответы курсивом. Ответьте : **It is . . .**

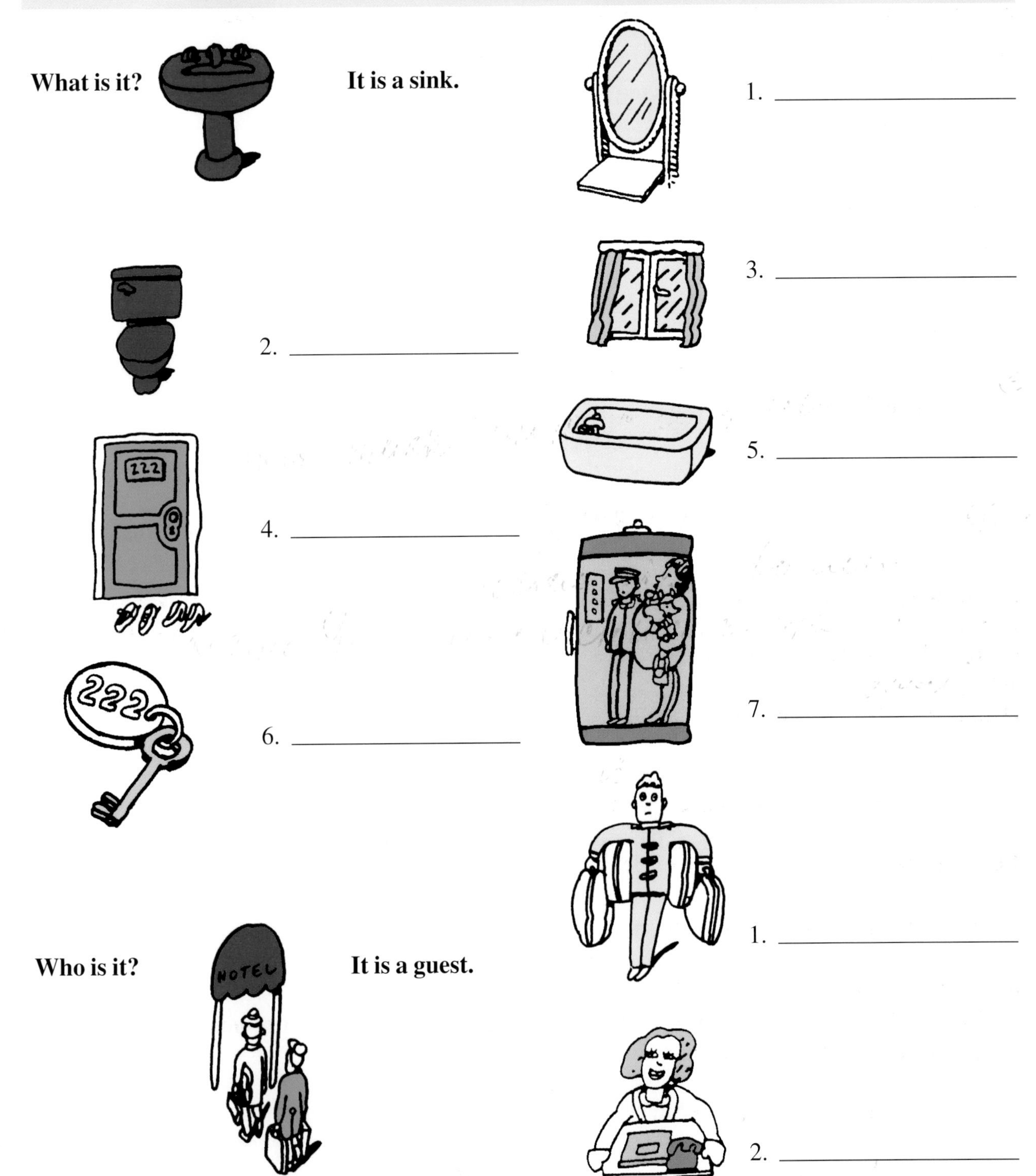

ОТВЕТЫ

What is it? 1. It is a mirror. **2.** It is a toilet. **3.** It is a window. **4.** It is a door. **5.** It is a bathtub. **6.** It is a key. **7.** It is an elevator. **Who is it? 1.** It is the bellhop. **3.** It is the clerk.

Соедините вопросы в левой колонке с ответами в правой.

1. **What is it?**
2. **How many nights are you staying?**
3. **Where do you live?**
4. **How many dressers are there?**
5. **When are the suitcases arriving?**
6. **Who carries the suitcases?**
7. **What is his name?**
8. **Why do you want a large room?**

A. **Robert**
B. **My family is with me.**
C. **I live in New York.**
D. **There is one.**
E. **It is a shower.**
F. **Tomorrow.**
G. **The bellhop.**
H. **One.**

Прочитайте вслух короткий текст.

When the taxi arrives at the hotel, the guest pays and gets out.

(Sru)
He enters the hotel through the door. At the check-in desk he speaks with the clerk.
через

He says that he wants an inside room with a single bed. The clerk gives him the
даёт ему

(teiks)
key and the guest takes the elevator. When he arrives at his floor, he enters his

(ARM-cher)
room. In the room there is a bed, a dresser, and an armchair. In the bathroom
кресло

(hot) (UA-ter)
there is a toilet, a bathtub, a mirror, and a shower. But there is no hot water.
Но нет горячей воды.

ОТВЕТЫ

Пары: 1.E 2.H 3.C 4.D 5.F 6.G 7.A 8.B

В английском Вы часто слышите: **TRUE** *(tru)* правда-да или **FALSE** *(fols)* неправда-нет.

1. The guest arrives home. ____________________
2. He speaks to the clerk. ____________________
3. The guest wants an outside room. ____________________
4. The guest takes the elevator to his floor. ____________________
5. There is hot water in the room. ____________________

Переведите следующие фразы на английский.

1. Он (она) проводит ночь (одни сутки) в номере.
2. Он (она) поднимается на лифте.
3. Он (она) выходит из такси.
4. Он (она) несёт чемоданы.
5. Он (она) говорит со швейцаром.

ОТВЕТЫ

1. False **2.** True **3.** False **4.** True **5.** False

Фразы: 1. He (she) spends a night in the room. **2.** He (she) takes the elevator. **3.** He (she) gets out of the taxi. **4.** He (she) carries the suitcases. **5.** He (she) speaks with the bellhop.

(PLEI-ses)

PLACES OF INTEREST

Посещение достопримечательностей

3 *(FAIN-ding)* *(yor)* *(uei)* *(fut)* Finding Your Way on Foot

Как пройти (пешком)

"Как пройти?" "Как попасть...?" "Где ближайшая станция метро?" Куда бы Вы ни шли, Вы задаете вопросы и слушаете ответы. Познакомьтесь с полезными словами и выражениями, которые помогут Вам легче ходить по городу. Напишите новые слова и прочитайте их вслух.

(strIt)

ON THE STREET

на улице

straight

прямо

to the left

налево

to the right

направо

Иван и Вера только что вышли из гостиницы чтобы пешком походить по городу. Хотя у них есть план города **(map of the city),** они хотят использовать шанс поговорить по-английски, и они спрашивают полицейского на углу, где находится Музей современного искусства.

ИВАН (полицейскому)

Excuse me, where is *(uer)* где **the Museum of Art?** *(miu-ZI-em)* *(art)* музей искусства

ПОЛИЦЕЙСКИЙ

Go straight ahead *(streit)*

city block

квартал

(OF-is)

post office

почта

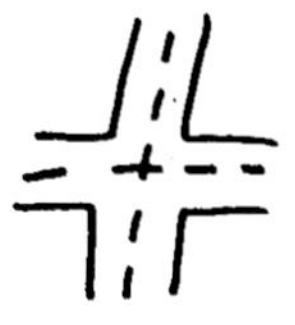

(IN-ter-sek-shon)

intersection

перекресток

(a-LONG) *(strIt)* *(TRE-fek) (lait)*
along this street up to the traffic light.
до светофора

(kon-TI-nyu)
Then, turn right and continue to the post
поверните идите дальше

office. At the corner by the post office,
около почты

(tu) (mor) (blaks)
turn left and continue two more blocks.
два квартала

(a-GUEN) *(for)*
Turn left again and continue four more
опять четыре

blocks. Then turn left again and continue

(iz) (yor)
one more block. The museum is on your left.
находится на левой (стороне).

Вера и Иван слушают внимательно и идут точно как сказал полицейский. Но после часа ходьбы, Вера воскликнет:

(Zis)
"But, Ivan, this is the hotel!"
это

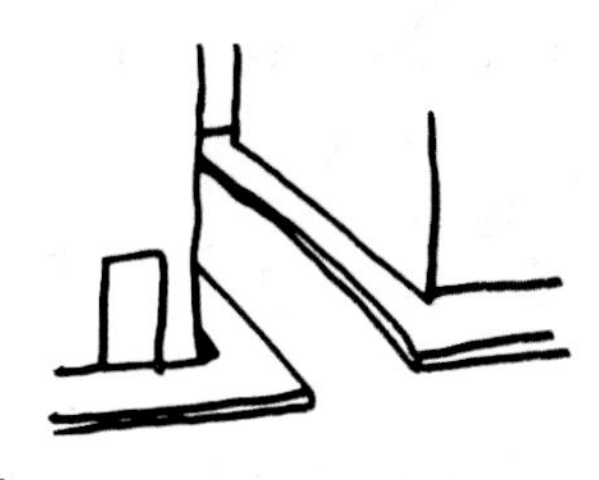

corner
угол

____

(FAR-ma-si)
pharmacy
аптека

____

traffic light
светофор

____

WHERE ARE THE PEOPLE AND THINGS?

Прочитайте слова, которые выражают местонахождение по-английски. Вы уже заметили, что окончания слов не меняются после предлогов. Напишите курсивом.

(kat)
the cat
кот

____

(TEI-bel)
the table
стол

____

on
на

____

(nir)
near
около

____

far from
далеко от

____

in front of
перед

(bi-HAIND)
behind
за

(nekst)
next to
рядом с

______________ ______________ ______________

В отличие от русского языка употребление формы глагола "быть" в настоящем времени обязательно в английском языке. Формы **is** и **are** нужны, чтобы определить, где находятся кот и стол относительно друл друга. Например:

The cat is on the table.

The cat is near the table.

The cat is far from the table.

Напишите курсивом.

(haus)
the house

____

the boy

____

Где находится мальчик? Заполните правильными фразами.

1. ______________

2. ______________

3. ______________

4. ______________

5. ______________

6. ______________

Для повторения, представьте себе кота и дом. Где наш кот?

ОТВЕТЫ

Где находится мальчик?

1. behind **2.** in front of **3.** on **4.** far from **5.** near **6.** next to

В английском форма слова не указывает грамматическую категорию. Например, некоторые слова являются и глаголами и существительными.

Например: **walk** = ходить, **walk** = ходьба, прогулка

drink = пить, **drink** = напиток

"Я хожу" по-английски, говорят **I walk.**
I take a walk.
I go for a walk.

"Я пью" по-английски, говорят **I drink.**
I have a drink.

Теперь, Вы попробуйте. Вставьте правильную форму глагола.

(uok) (a-LONG) (strIt)
go for a walk along the street
ходить по улице

(luk) (PIK-sher)
look at the picture
смотреть на картину

1. (They) ________________________________

2. (We) ________________________________

(drink) (milk)
drink the milk
пить молоко

walk
ходить

3. (They) ________________________________

4. (She) ________________________________

ОТВЕТЫ

1. They go for a walk. **2.** We look at the picture. **3.** They drink the milk. **4.** She walks.

(smok) *(SI-ga-rets)*
smoke cigarettes
курить сигареты

5. (They) ____________________

(nak)
knock on the door
стучать в дверь

6. (He) ____________________

Английский язык богат разными выражениями для одного действия. Люди, которые говорят по-английски, любят разнообразность речи. Так можно сказать:

They go for a walk.
They take a walk.
или просто **They walk.**

Не забудьте, что в английском часто употребляется артикль (определенный или неопределенный), когда речь идет о каком-то предмете.

They drink the milk.
They have a drink of milk.

Глагол **have** по-английски является вспомогательным. Иногда он переводится как "у (кого) есть" или словом "иметь".

Русское предложение "Мы смотрим картину или на картину" переводится: **We look/We are looking at a/the picture. We walk *along* the street** на русский переводится "Мы ходим по улице (или вдоль улицы)".

Переведите следующие фразы.

1. Дети ходят по улице.

____

2. Вера смотрит на дом.

____

3. Я хожу по улице.

____

ОТВЕТЫ

5. They smoke cigarettes. **6.** He knocks on the door.
Переведите: 1. The children go for a walk along the street.
2. Vera looks at the house. **3.** I walk along the street.

(SUB-jekt) *(PRO-nauns)*

Subject Pronouns

Личные местоимения-именительный падеж

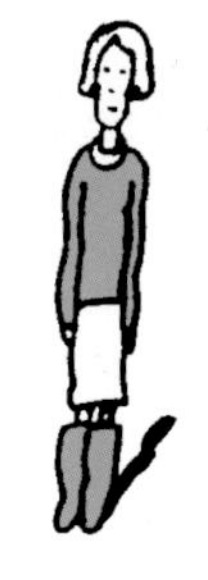

1. *(ai)* **I**
2. *(hI)* **John =** ***he***
3. *(shI)* **Mary =** ***she***

4. *(hu)* **Who are you?**
5. *(ui)* **Joseph. Joseph and I =** ***we.***

6. **Ann. Ann and I =** ***we.***
7. *(Zei)* **Frank and Peter =** ***they.***

8. **Rose and Susan =** ***they.***

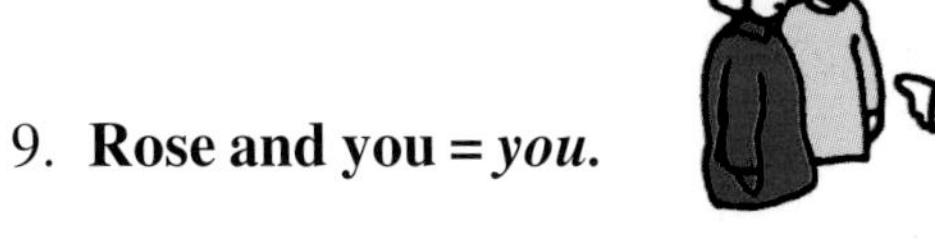

9. **Rose and you =** ***you.***

Английское слово **I** всегда пишется большой буквой. Слово **you** употребляется и для одного человека и нескольких человек. Употребление слов **he, she, it** зависит от логического рода человека или предмета. Мальчик, папа, дедушка = **he;** девочка, женщина = **she**; стол, лампа, окно = **it**. Личные местоимения почти всегда употребляются с глаголами (потому что глагольные окончания кроме третьего лица не указывают на лицо).

This or That

Это или то

Слова **this and that** в английском часто употребляются чтобы указать на определенный предмет или человека. Единственное и множественное числа имеют разные формы. (Но в единственном числе для всех родов есть одна форма).

ЭТОТ, ЭТА, ЭТО = **THIS**		ЭТИ = **THESE**	
этот дом	**this** house	эти дома	**these** houses
эта книга	**this** book	эти книги	**these** books
это окно	**this** window	эти окна	**these** windows

ТОТ, ТА, ТО = **THAT**		ТЕ = **THOSE**	
тот дом	**that** house	те дома	**those** houses
та книга	**that** book	те книги	**those** books
то окно	**that** window	те окна	**those** windows

Эти маленькие слова плюс Ваш указательный палец помогут Вам в любом разговоре и с любым вопросом. Не забудьте, что Вы должны отличать единственное число от множественого числа и обязательно указать "здесь" или "там".

Повторите и вставьте правильные формы **this** или **these**.

1. _________ cat
2. _________ keys
3. _________ house
4. _________ boy
5. _________ hotel
6. _________ drink
7. _________ lady *(LEI-di)*
8. _________ mirrors *(MI-rors)* зеркала

Молодец! А теперь формы **that** или **those**.

1. _________ sister
2. _________ rooms
3. ________ coffee
4. ________ grandfather
5. _________ uncle
6. _________ cousins
7. _______ beds
8. _______ daughter

Напишите правильные формы личных местоимений в начале каждого предложения.

1. _______________ is in the house. (the boy)
2. _______________ is in the house. (the cat)
3. _______________ are in the house. (the mother and the daughter)
4. _______________ are in the house. (the father and the son)
5. _______________ are in the house. (you and I)
6. _______________ is in the house. (Ann)

ОТВЕТЫ

this and **these**: **1.** this **2.** these **3.** this **4.** this **5.** this **6.** this **7.** this **8.** these

that and **those**: **1.** that **2.** those **3.** that **4.** that **5.** that **6.** those **7.** those **8.** that

Местоимения: **1.** He **2.** It **3.** They **4.** They **5.** We **6.** She

(YUS-fel) (uerdz)

Useful Words

Полезные слова

church	market	bank	(MU-vi) (SI-e-ter) movie theater
церковь	рынок	банк	кинотеатр
________	________	________	________

(SAID-ualk) sidewalk	store	(bai) to buy	(NUZ-stand) newsstand
тротуар	магазин	покупать	газетный киоск
________	________	________	________

Если Вы знаете эти новые слова и правила, которые мы прошли на этих страницах, то без проблем, можете понять следующий короткий текст.

The Godunov family is walking on the sidewalk. The father wants to buy a
(NUZ-pei-per)
newspaper at this newsstand, and the mother wants to look at those stores.
(CHIL-dren)
The children of this family are walking next to their mother. On the street,
рядом с
there are a movie theater and a bank. The daughter, Teresa, and the son, Mark,
(frut)
buy fruit at the market. The father is smoking a cigarette, but the mother and

the children don't smoke. The family's house is not near. It is far away, in the
(KON-tri-said)
countryside, near a church.

Помните как по-английски: Да или нет? Правда или неправда? **True/False?**

1. **The family is walking through the countryside.** ____________
2. **The father buys a newspaper at the newsstand.** ____________
3. **The mother looks at a picture.** ____________

Переведите следующие слова на английски и найдите их ниже.

1. церковь
2. дом
3. гостиница
4. ключи
5. дети
6. магазин
7. отец
8. банк
9. театр

C	H	U	R	C	H	Y
H	O	T	E	L	O	F
I	M	H	B	N	U	A
L	K	E	Y	S	S	T
D	B	A	N	K	E	H
R	S	T	O	R	E	E
E	J	E	X	Z	L	R
N	A	R	L	D	V	M

ОТВЕТЫ

True/False? **1.** False. **2.** True. **3.** False.

4 Public Transportation

(POB-lek) (tranz-por-TEI-shen)

Общественный транспорт

(teik) (REI-di-o)

ВЕРА **Let's take a taxi to Radio City.**
Давайте поедем на такси в Музыкальный центр Рэдио Сити.

ИВАН **No. It costs a lot.**
Нет. Это стоит много (дорого).

(SAB-uei)

ВЕРА **Then, let's take the subway.**
Тогда поедем на метро

(in-kon-VI-ni-ent)

ИВАН **No, it is inconvenient.**
Нет, это неудобно.

ВЕРА **Then, let's take the bus.**
Тогда, поедем на автобусе.

ИВАН **O.K., let's go!**
Хорошо, поехали!

В автобусе

(raid)
ИВАН **Excuse me. How much does it cost to ride the bus?**
Извините, пожалуйста. Сколько стоит ехать автобусом?

(DA-ler)
ВОДИТЕЛЬ **A dollar fifty.**
The Driver один доллар пятьдесят центов

ИВАН **We are getting off at Radio City.**
Мы выходим

(no)
ВОДИТЕЛЬ **O.K. I'll let you know when we get there.**
Хорошо. Я вам скажу, когда мы туда доедем.

(nais)
ИВАН **How nice these New Yorkers are!**
Какие приятные эти нью-йоркцы.

Чтобы сказать "поедем, пойдем, давайте сыграем", и т.д. по-английски употребляется слово **Let's (Let us)** плюс инфинитив глагола. Например: **Let's drink**—выпьем, **let's sing**—споем.

Вставьте слова и выражения, которые Вы встретили в нашем диалоге.

Let's ________________________ a taxi to Radio City.

No. ________________________ a lot.

Then, let's take ________________________.

No, it is ________________________.

O.K., let's go!

Excuse me. ________________________ does it cost?

________________________ at Radio City on Sixth Avenue.

________________________ when we get there.

How nice ________________________!

ОТВЕТЫ

take, It costs, the subway, inconvenient, How much, We are getting off, I'll let you know, these New Yorkers are

(YUS-fel) (uerdz)

Useful Words

Полезные слова

(It)
to eat
есть

____

(drInk)
to drink
пить

____

(ran)
to run
бегать

____

(CHOK-let)
chocolate bar
шоколад

____

(SO-da)
soda, soft drink
лимонад

____

(kech)
to catch
ловить

____

Представьте себе насколько русская глагольная система трудна иностранцам: я ем, он ест, они едят; я пью, он пьёт, они пьют; я бегу, ты бежишь. Вы наверно заметили, что английские глаголы намного проще. Окончание глагола настоящего времени меняется только в третьем лице единственного числа, где добавляется **-s** или **-es**.

Напишите правильную форму каждого глагола.

I eat.
He ___________ .

I drink.
She ___________ .

I run.
They ___________ .

Question Words

Вопросы

Любой турист всегда задает вопросы, когда он находится в другом городе. Повторите и прочитайте вслух вопросительные слова, которые Вы уже знаете.

(hu)
Who? = Кто?

(uat)
What? = Что?

(hau)
How? = Как?

How much? = Сколько?

ОТВЕТЫ

eats, drinks, run

(uen)
When? = Когда?
(uai)
Why? = Почему?
(uer)
Where? = Где?

Закончите следующие фразы вопросительными словами.

1. _________ does the train leave?
2. _________ can't we go to San Francisco?
3. _________ is that man?
4. _________ is in this box?
   ящик
5. _________ does this cost?
6. _________ are you, Jane?
7. _________ is the hotel?

TALKING TO THE CONDUCTOR

Разговор с кондуктором

bus stop
остановка автобуса

line (метро или автобуса)
линия

В больших городах есть автобусы и метро. Системы пользования отличаются друг от друга, и Вы хотите познакомиться со спецификой каждого города. В Нью Йорке есть проездные билеты для метро и автобусов. Вы можете на любой станции метро получить метрокарту. В Вашингтоне стоимость проезда зависит от времени дня и от расстояния. Смотрите на автоматы на станции. К тому же, в книжном магазине **(bookstore)** Вы можете купить план города **(map of the city)**.

ОТВЕТЫ

1. When **2.** Why **3.** Who **4.** What
5. How much **6.** How **7.** Where

У входа/выхода **(Entrance/Exit)** метро обычно находится касса (по-английски **token booth**), где Вы можете получить бесплатно план метро **(subway or metro map)**. В Нью Йорке говорят **subway**, в Вашингтоне говорят **metro**. Не забудьте сказать, что Вы туристы: **We are tourists**.

metrocard/ticket
проездной/билет

Напишите курсивом следующие предложения.

Where is the bus stop?
остановка автобуса

(raid)
How much does a ride cost?
проезд

(nId)
Do I need a metrocard?
мне нужен

Where do I buy a metrocard?
купить

(long)
The line is very long.
Очередь длинная.

(hev) *(ueit)*
Do you have to wait long?
Надо долго ждать?

(uen) (nekst)
When is the next bus coming?
когда следующий

____

(shud) (get) (nau)
Should I get out now?
Мне выходить сейчас?

____

Identifying Yourself and Others

Представиться и представить других

Чтобы представиться или представить других людей, Вам надо знать формы глагола "быть" **(to be)**. В английсском употребление глагола "быть" обязательно, даже где в русском его нет. Сравните "Я студент" **I am a student**. "Они туристы" **They are tourists.**

Повторите следующие выражения с формами глагола **to be**. Напишите курсивом.

TO BE	
I am	**We are**
You are	**You are**
He } **is**	
She } **is**	**They are**
It } **is**	

I ______________	We ______________
You ______________	You ______________
He ______________	
She ______________	They ______________
It ______________	

Обратите внимание на то, что артикля в русском языке нет. В английском употребление маленького слова **a (an)** с существительными в единственном числе обязательно. (**An** пишется до гласного звука).

I am a tourist.

I am + **a tourist.**
турист

a guest.
гость

(FA-ren-er)
a foreigner.
иностранец

(man)
I am + **a man.**
мужчина

(UO-man)
a woman.
женщина

(AR-tist)
an artist.
художник

Представьте себе, что Вы с другом на экскурсии в Нью Йорке. Попробуйте угадать, кто другие пассажиры. Помогите новым знакомым, Петру и Маше, вести разговор.

Вставьте правильную форму глагола **to be**.

1. **I ________________________ a tourist.**
2. **The women ________________________ Americans.**
3. **We ________________________ foreigners.**
4. **He ________________________ an American.**
5. **They ________________________ tourists.**
6. **Mary, you ________________________ not Russian.**

TO GO	
I go	**We go**
You go	**You go**
He / **She** / **It** } **goes**	**They go**

(Напишите курсивом)	
I ______________	We ______________
You ______________	You ______________
He ______________	
She ______________	They ______________
It ______________	

Послушайте и вставьте правильную форму глагола **to go**.

1. **We ________________________ to the museum.**
2. **She ________________________ to the market.**
3. **You ________________________ to the bank.**
4. **I ________________________ to the hotel.**
5. **They ________________________ home.** (домой = **home**—без предлога **to**).

ОТВЕТЫ

To be **1.** am **2.** are **3.** are **4.** is **5.** are **6.** are not **To go** **1.** go **2.** goes **3.** go **4.** go **5.** go

GOING, GOING...

Не обязательно в английском языке различать действия "я иду" от "я еду". В разговоре англоговорящие обычно употребляют глагол **to go** в настоящем длительном времени.

(Напишите курсивом).

the bank

the church

the hotel

the house

the museum

the market

the movie theater

PROGRESSIVE TENSE

I am going	I ____________
You are going	You ____________
He is going	He ____________
She is going	She ____________
It is going	It ____________
We are going	We ____________
You are going	You ____________
They are going	They ____________

Я иду/еду = **I go** или **I am going**.

мы идем/едем = ________ или ________ они идут/едут = ________ или ________

Ivan and Masha are in New York. They are tourists—they are from Russia *(RA-sha)* Россия**. They speak little** *(LI-tel)* немножко **English. They go to the bus stop and they wait on line** в очереди**. When the bus arrives, they get on** *(get) (an)* входят в автобус**. They get off** *(of)* выходят **at the bus stop in front of** перед **the museum. They go**

ОТВЕТЫ

идем: we go, we are going **идут:** they go, they are going

in and they look at the paintings. Afterwards they go to the subway entrance.
смотрят на картины потом вход

They look at the map of the city and they buy two metrocards and go to a supermarket
гастроном

near their hotel. There they buy fruit and milk.
молоко

Выберите правильный вариант и закончите предложения.

1. Juan and María are / is / am from Spain.

2. They speak little / good / no English.

3. They goes / go / is going to the bus stop.

To take the bus
ездить на автобусе

4. They wait in the bedroom. / on line. / in the bank.

5. They get off behind / far from / in front of the museum.

6. They go to the back / the entrance / the exit of the subway.

7. They buy two metrocards. / tickets. / paintings.

8. They go to the restaurant. / the movies. / the supermarket.

Покажите все, что Вы знаете об общественном транспорте в США.

1. Что нужно купить, чтобы воспользоваться общественным транспортом?

____

2. Как по-английски называется: Вход в метро. _______________________________

ОТВЕТЫ

1. are **2.** little **3.** go **4.** on line **5.** in front of **6.** the entrance **7.** metrocards **8.** the supermarket

1. A metrocard. **2.** The entrance.

3. Чтобы выйти из метро, Вам нужно найти вывеску со словом: ________________

4. Где можно сесть на автобус? **At the** ________________.

Вставьте правильную форму **TO BE** или **TO GO:**

1. Ann and I ________________________ tourists.

2. She ________________________ an American.

3. I ________________________ to the market.

4. We ________________________ women.

5. We ________________________ to the movies.

6. I ________________________ a foreigner.

7. You ________________________ men.

Представьте себе, что Вы собираетесь поехать на автобусе или на метро. Переведите следующие вопросы на английский язык.

1. Где остановка автобуса?
2. Когда придет следующий автобус?
3. Где выход (и вход)?
4. Мне нужно купить проездной билет?
5. Сколько стоит?
6. Мне выйти сейчас?

ОТВЕТЫ

3. EXIT **4.** bus stop

To be, to go 1. are **2.** is **3.** go, am going **4.** are **5.** go, are going **6.** am **7.** are

поездка: 1. Where's the bus stop? **2.** When does the next bus arrive? **3.** Where is the exit (the entrance)? **4.** Do I have to buy a metrocard? **5.** How much is it? **6.** Should I get off (out) now?

5 *(taim)*

Time and Numbers

Время и числа

WHAT TIME IS IT?

Который сейчас час?

Послушайте, как носители английского языка отвечают на вопрос: который час?

(TO-ki-o) **Tokyo**	*(EN-ker-ech)* **Anchorage**	*(Nu YORK)* **New York**	*(PA-ris)* **Paris**	*(MOS-kau)* **Moscow**
(nain) (o-KLOK) **nine o'clock**	*(Sri)* **three o'clock**	*(eit)* **eight o'clock**	*(uan)* **one o'clock**	*(Sri)* **three o'clock**

Ответить на вопрос, надо уметь считать.

(kaunt)

How to Count in English

как считать по-английски

Давайте познакомимся с числами в английском языке. Послушайте, прочитайте и напишите числа от одного до двадцати.

1. **one** *(uan)* __________________
2. **two** *(tu)* __________________
3. **three** *(Sri)* __________________
4. **four** *(for)* __________________
5. **five** *(faiv)* __________________
6. **six** *(siks)* __________________
7. **seven** *(SE-ven)* __________________
8. **eight** *(eit)* __________________
9. **nine** *(nain)* __________________
10. **ten** *(ten)* __________________
11. **eleven** *(i-LE-ven)* __________________
12. **twelve** *(tuelv)* __________________
13. **thirteen** *(SER-tin)* __________________
14. **fourteen** *(FOR-tin)* __________________

15. **fifteen** *(FIF-tin)* ______________________

16. **sixteen** *(SIKS-tin)* ______________________

17. **seventeen** *(SE-ven-tin)* ______________________

18. **eighteen** *(EI-tin)* ______________________

19. **nineteen** *(NAIN-tin)* ______________________

20. **twenty** *(TUEN-ti)* ______________________

Очень просто, правда? Но повторение—мать учения. Повторите числа от 1 до 5. Теперь от 6 до 10, и от 1 до 10. Потом 10–15, и 11–16, а наконец, 15–20, 10–20 и 1–20. Вы уже заметили, что 13, 14 и т. д. это соединение три + десять, четыре + десять. Обратите внимание на то, как они пишутся.

More Numbers

Другие числа

Вы уже знаете самые сложные числа. Как и в русском языке, числа после двадцати соединяют слова двадцать + один, + два и т. д.

twenty-one
twenty-two
twenty-three
twenty-four
twenty-five
twenty-six
twenty-seven
twenty-eight
twenty-nine

Следующие десять чисел формируются с помощью слова "тридцать" **thirty** *(SIR-ti)* (30): 31, 32, 33, 34, 35, 36, 37, 38, 39. Следующие десять чисел формируются с помощью слова "сорок" **forty** (40): 41, 42, 43, 44, 45, 46, 47, 48, 49. Послушайте и повторите следующие десять слов с помощью слова "пятьдесят" **fifty** (50): 51, 52, 53, 54, 55, 56, 57, 58, 59, и следующие десять "шестьдесят" **sixty** (60).

Напишите курсивом "сколько времени".

It is ten after six

____

It is twenty after seven

____

It is twenty-one to nine

____

It is one fifteen

____

It is quarter past one

____

It is two thirty

____

It is half past two

____

It is three forty-five

____

It is quarter to four

____

По-английски очень легко ответить на вопрос "который сейчас час". "Час, два часа", и т. д. звучат: **It's one o'clock, it's two, three, four, five, six, seven, eight, nine, ten, eleven, twelve o'clock.** Когда время не ровно на часе, например, "десять минут третьего", по-английски: **It's ten after two** (десять после второго). Главное слово здесь **after:** "двадцать минут пятого" по-английски **It's twenty after four.** Во второй половине часа, немножко сложнее. По-русски говорят "без десяти четыре". По-английски **It's ten to three.** Здесь главное слово **to:** "без двадцати шесть" по-английски **It's twenty to six.**

It is twelve o'clock a.m.

____

(nun)
It is noon.

____

It is twelve o'clock p.m.

____

(MID-nait)
It is midnight.

____

Американцы очень любят неформальные выражения, чтоб сказать "ровно в час" или "точно в два часа". Например, по-английски **It's one o'clock on the nose** "на носу", или **one o'clock sharp** "остро" (точно) или **one o'clock on the dot** "на точке".

В английском языке, можно разделить день на две части: **A.M.,** утром, до полудня, и **P.M.,** после полудня. Вы часто слышите выражения: **in the morning**—утром; **in the afternoon**—днем; **in the evening**—вечером; **at night**—ночью.

Например: **It is seven o'clock in the morning.**
It is five o'clock in the afternoon.
It is eleven o'clock at night.

(Определение вечера и ночи зависит от района и города. В Нью Йорке 10:00 ч. это еще вечер, и 5:00 ч. ночь. В Канзасе 10:00 ч. уже ночь, и 5:00 ч. для фермеров уже утро.)

(UA-ches)

Watches

Часы

Новые электронные часы показывают точное время. Стало популярным называть точное время, например: **two twenty-seven, three forty-five, six fifty-one.**

Для практики, скажите в десятиминутных интервалах время от 8:00 утра до 1:00 ночи. Не забудьте маленькие слова **A.M.** или **P.M.** Если это слишком просто, попробуйте время в пятиминутных интевалах.

O8:10	Eight ten A.M.	9:20	Nine twenty A.M.
10:30	____________	11:40	____________
12:50	____________ P.M.	1:00	One P.M.
2:05	Two o five P.M.	3:15	____________
4:25	____________	5:35	____________
6:45	____________	7:55	____________
8:05	____________	9:10	____________
10:15	____________	11:20	____________
12:25	____________ A.M.	1:30	____________

Послушайте, повторите и напишите курсивом время.

1. 2:24 ______________________________
2. 3:58 ______________________________
3. 4:12 ______________________________
4. 5:30 ______________________________
5. 6:15 ______________________________
6. 7:45 ______________________________
7. 8:20 ______________________________
8. 1:14 ______________________________
9. 9:17 ______________________________
10. 10:35 ______________________________
11. 11:01 ______________________________
12. 12:13 ______________________________

MAN **Excuse me, sir. What time is it?**
Извините меня Который сейчас час?

(PIK-po-ket)
The pickpocket
карманник

IVAN **It's midnight.**
полночь

(lait)
MAN **How can that be? It's still light out!**
как еще светло на улице.

(rait)
IVAN **You are right. It must be noon.**
правы полдень

MAN **That's more like it. Are you feeling OK?**
хорошо

(just)
IVAN **Yes, it's just that I am from Russia and my English is not too good.**
Да, дело в том, что

(tuelv)
MAN **Well, at twelve noon it is daytime, and at twelve midnight it is dark.**
темно

Remember that! By the way, do you want to buy a watch? They are

(ek-SPEN-siv)
not expensive.
дорогой

ОТВЕТЫ

1. twenty-four minutes after two **2.** two minutes to four **3.** twelve minutes after four **4.** five thirty **5.** six fifteen **6.** seven forty-five **7.** twenty minutes after eight **8.** fourteen minutes after one **9.** seventeen minutes after nine **10.** twenty-five minutes to eleven **11.** one minute after eleven **12.** thirteen minutes after twelve.

IVAN **No, thank you. I have one. But . . . it is lost!**
они потеряны

MAN **Here it is. I am an honest pickpocket!**
честный

Remember
Запомните

When you travel, you can get confused.

(YES-ter-dei) *(tu-DEI)*
Yesterday, Washington, D.C. Today,
вчера сегодня

(tu-MO-ro)
Boston. Tomorrow, Chicago.
завтра

Where are we now?

Как по-английски "сегодня"?

____

Как по-английски будет "вчера"?

____

А как мы скажем "завтра"?

____

Пятнадцать минут до **(to)** или после **(after)** часа иногда по-английски говорят "четверть" **(a quarter to three, a quarter after four).**

(hef)
Тридцать минут после часа передают словами **(thirty or half past).** Например, говорят: **six-thirty, half past six, three-thirty, half past three.**

4:30 ________________ 4:15 ________________ 4:45 ________________

ОТВЕТЫ

today yesterday tomorrow **Который час?** four-thirty or half past four, a quarter after four, a quarter to five

В Соединенных Штатах 24-часовое время редко употребляется, например, 14:05, 21:15. Вы чаще услышите выражение **A.M.** *(эй-эм)* до полудня и **P.M.** *(пи-эм)* после полудня.

Для практики давайте вспомним, что после двадцати и выше добавляем первые девять единиц. 70 по-английски **seventy,** 80 по-английски **eighty,** 90 по-английски **ninety.** Как будет по-английски?

1. 45 **2.** 27 **3.** 94 **4.** 68

5. 22 **6.** 36 **7.** 53 **8.** 71

(kon-TRAK-shens)

Contractions

Сокращения

В отличие от русского, английский язык особенно в устной речи характеризуется сокращением форм.

Например:

(aim)
I am = I'm

(ets)
it is = it's

(yur)
you are = you're

(uir)
we are = we're

(shIz)
she is = she's

(Zer)
they are = they're

(hIz)
he is = he's

и отрицательные формы

is not = isn't

does not = doesn't

are not = aren't

do not = don't

ОТВЕТЫ

1. forty-five **2.** twenty-seven **3.** ninety-four **4.** sixty-eight **5.** twenty-two **6.** thirty-six **7.** fifty-three **8.** seventy-one

Напишите сокращенные формы:

1. I am = ___________
2. I do not = ___________
3. You do not = ___________
4. He is = ___________
5. She is not = ___________
6. They are = ___________
7. They are not = ___________
8. We are = ___________
9. I am not = ___________
10. It is = ___________

Another Verb

Один очень важный английский глагол, который заменяет русский глагол "иметь" (Я имею честь — **I have the honor**) и выражения принадлежности (У меня есть десять долларов — **I have ten dollars**).

(hev) **TO HAVE**	
I have	**we have**
you have	**you have**
he *(hez)*	
she **has**	**they have**
it	

(Напишите курсивом).	
___________	___________
___________	
___________	___________
___________	
___________	___________

Закончите предложения правильной формой глагола **to have**.

1. I do not ___________ a watch.
2. Do you ___________ *(ten) (DA-lerz)* $10.00?
3. We ___________ a room in the hotel.
4. She ___________ a chocolate bar.
5. He ___________ *(KON-tri) (haus)* a country house.
   домик в деревне, дача

Словосочетание **have to, has to** обозначает "нужно".
I have to go home. She has to sleep.

ОТВЕТЫ

Сокращения: 1. I'm **2.** I don't **3.** You don't **4.** He's **5.** She isn't **6.** They're **7.** They're not / They aren't **8.** We're **9.** I'm not **10.** it's

To have: 1. have **2.** have **3.** have **4.** has **5.** has

Ответьте на вопросы.

1. Do you have your suitcases?
2. Do you have a house in the country?
3. Do you have a watch?
4. Do you have a cat?

Ordinal Numbers

Порядковые числительные

Запишите числа пока вы поднимаетесь на лифте.

(florz) *(BIL-ding)*
The floors of the building
этажи здание

В больших зданиях, как например, в гостиницах или небоскребах, первый этаж иногда называется: **lobby, ground floor.**

(nainS) **ninth**	*(tenS)* **tenth**
(SE-venS) **seventh**	*(eiS)* **eighth**
(fifS) **fifth**	*(sikS)* **sixth**
(Sird) **third**	*(forS)* **fourth**
(ferst) *(graund)* **first / ground floor**	*(SE-kend)* **second**

ОТВЕТЫ

1. Yes, I have (no, I don't have) my suitcases. **2.** Yes, I have (no, I don't have) a house in the country. **3.** Yes, I have (no, I don't have) a watch. **4.** Yes, I have (no, I don't have) a cat.

(po-ZE-shen)
Possession
Притяжательность

Чей это карандаш? Чья это книга? Чьи это сигареты? В русском языке "чей" или "кому это принадлежит" обычно выражается родительным падежом: это книга Ивана, это брат Маши. В английском языке для этого есть так называемый притяжательный падеж **(possessive)**, который образуется с помощью **'s** или **s'**.

(tai) (CHIL-drenz) (po)
Mary's dress, John's tie, the children's room, the cat's paw

Попробуйте:

1. книга Ивана ____________________
2. дом Марии ____________________
3. чемодан Ричарда ____________________
4. ручки Мартина ____________________

Когда в множественном числе слово кончается буквой **s**, добавляем только апостроф **s'**.

the boys' books, the ladies' room, the tourists' hotel

It's my suitcase.
мой

No, it's not your suitcase.
твой, Ваш

Mine and Yours
Мой и твой

В английском языке есть пары, которые выражают принадлежность:

(mai) (main) (yor) (yorz) (his) (her) (herz) (its) (aur) (aurz) (Zer) (Zerz)
my (mine), your (yours), his, her (hers), its, our (ours), their (theirs).

ОТВЕТЫ

1. John's book **2.** Mary's house **3.** Richard's suitcases **4.** Martha's pens

Вы уже заметили, что категория рода (мужского или женского) и числа (единственного или множественного) зависят от рода человека, которому принадлежит этот предмет. Формы не меняются в зависимости от предмета. В предложение с существительным мы употрбеляем **my, your** и т.д. Когда существительное отсутствует, мы говорим **mine, yours** и т.д.

Is that my book? **No, it's mine.**

Is that your book? **No, that's yours.**

Is that his book? **No, it's not his.**

Is that her book? **Yes, it's hers.**

Are those our newspapers? **No, they're not ours.**

Are those their passports? **Yes, theirs are on the table.**

I have my hat, you have yours.
У меня моя шапка, а у тебя твоя.

Теперь послушайте короткий диалог между дочкой и отцом.

"What time is it?" the father asks his daughter.
спрашивает

"It's three o'clock," says the daughter.
говорит

"When are you leaving for Chicago?"
уезжаете в

she asks her father.

"At twenty after five," he answers.
отвечает

What time is it?

Вставьте пропущенные слова.

The daughter asks ________ father a question.

He leaves for Chicago at ______________________.

ОТВЕТЫ

her, twenty (minutes) after five

Переведите следующие фразы на английский:

1. мой сын = _____ **son**
2. твой билет = _____ **ticket**
3. его, ее, ваша, их бабушка _____, _____, _____, _____ **grandmother**
4. наш дом = _____ **house**

Как ответить на вопрос, "Когда (в котором часу) Вы что-нибудь будете делать"? Маленьким словом **at**.

Я встаю в **I get up at** ____________________

Я обедаю в **I have lunch at** ____________________

Я кончаю работу в **I finish work at** ____________________

Я ужинаю в **I have dinner at** ____________________

Я ложусь спать в **I go to bed at** ____________________

ОТВЕТЫ

1. my **2.** your **3.** his, her, your, their **4.** our

6

(trein) (trip)

A Train Trip

Поездка на поезде

(REIL-rod) (STEI-shen)

Railroad station

Железнодорожный вокзал

Поездка на поезде в последнее время в Америке становится все удобнее и быстрее. Вокзалы находятся в центре города и поезда уютные и иногда дешевле самолета. Между Вашингтоном и Нью Йорком есть скорый поезд **(express),** который называется Метролайнер. Обычно все вагоны одного класса **(coaches).** И только в поездах дальнего назначения Вы найдете купе **(compartments).** Конечно, в таких поездах можно спать в спальном вагоне **(sleeping car).**

Чтобы получить билет заранее, Вы можете заказать его у бюро путешествий **(travel bureau),** на вокзале в билетной кассе **(ticket window),** или по Интернету (www.amtrack.com). Когда хочется есть, Вас будут обслуживать или в вагон-ресторане **(dining car)** или в буфете **(snack bar).** Тяжелый багаж **(luggage)** можно отдать в вагон для багажа **(luggage car).**

Вам дадут талон **(claim check),** по которому Вы получите Ваш багаж в месте назначения **(destination).**

Борис и Нина хотят поехать из Нью Йорка в Чикаго, и давно мечтают о поездке на поезде.

(FAI-ne-li)
NINA **Finally, here we are at Grand Central Station! Do we take an express**
наконец ... поедем

(chi-KA-go)
train to Chicago?

(raund) (trip)
BORIS **Yes.** *(To the clerk)* **How much does a round-trip ticket to Chicago**
сколько ... билет туда и обратно

cost? We are four people.

CLERK **Do you want a direct train?**
прямой

BORIS **Yes, please.**

CLERK **Sleeper or coach?**
спальный

BORIS **Coach, please.**

Не забудьте спросить сколько стоит билет. (Стоимость билета—**the price of the ticket.)**

BORIS **When does the train leave?**
отправляется

CLERK **It leaves at 11:30 A.M.**

Особенно просто в Америке забронировать места на поезде и в гостинице по-телефону или по Интернету, если у Вас есть кредитная карточка **(credit card).**

Знаете ли Вы все что нужно для поездки на поезде? Заполните пропущенные выражения.

1. Как называется место, куда Вы едете? ______________________________
2. Если это будет длинная поездка и Вы хотите спать в пути, что нужно забронировать? ______________________________
3. Где находится Ваш багаж, когда он не с Вами в купе? ______________________________
4. Если надо делать пересадку, как Вы спрашиваете по-английски? ______________________________
5. Вы отдали Ваш чемодан, что Вы получите? ______________________________
6. Как говорят "билет туда и обратно"? ______________________________

Найдите английские слова в левой колонке и соедините их с русскими словами в правой.

1. **ticket window**	A. делать пересадку
2. **to check luggage**	B. вагон-ресторан
3. **to make a connection**	C. касса билетов
4. **dining car**	D. багаж
5. **boarding platform**	E. туда и обратно
6. **luggage**	F. сдать багаж
7. **round trip**	G. путешествовать
8. **sleeping car**	H. перрон
9. **to travel**	I. спальный вагон

ОТВЕТЫ

Пропущенные слова: 1. destination **2.** sleeping car **3.** baggage car **4.** to make a connection **5.** claim check **6.** round trip

1.C 2.F 3.A 4.B 5.H 6.D 7.E 8.I 9.G

Taking a Trip

Обратите внимание на объявление на вокзале о пребывании и отправлении поездов.

(SKE-dyul) **SCHEDULE** Расписание					
Departure отправление	**Destination** пересадка	**Arrival**	**Connection**	**Destination**	**Arrival**
New York **11 35A**	**Washington, DC**	**2 45P**	**3 55P**	**Chicago**	**8 30A**

1. When does the train leave? At ______________________________
2. When does it arrive in Washington, DC? ______________________________
3. When does the train arrive in Chicago? ______________________________
4. Where do you have to change? ______________________________
5. What time does the other train leave Washington, DC? ______________________________
6. What is your final destination? ______________________________
7. Will it be morning when you arrive in Chicago? ______________________________

ОТВЕТЫ

1. 11:35 A.M. **2.** 2:45 P.M. **3.** 8:30 A.M. **4.** Washington, DC **5.** 3:55 P.M. **6.** Chicago **7.** yes

Наши слова немножко перепутались. Составьте их в правильном порядке и напишите хорошие и полные предложения с этими словами.

1. to buy, ticket, I want, a, round-trip
2. your, to check, you, luggage, have
3. the, leave, when, does, train?
4. a, Chicago, direct, train, there, is, to?
5. sleeping, want, compartment, I, please, a
6. dining, where, car, the, is?
7. change, do, trains, have, to, we?

More Verbs

Запишите новые глаголы. Употребите их в новых предложениях.

(un-der-STAND)	*(lern)*	*(sel)*	*(bai)*	*(TRA-vel)*
to understand	**to learn**	**to sell**	**to buy**	**to travel**
понимать	учить	продавать	покупать	путешествовать

Например:

I understand English, but he understands only Spanish.

We are learning English, and we learn how to say many things.

They sell tickets at the station.

We buy our tickets at the station.

You travel to many places. We are traveling to Chicago.

ОТВЕТЫ

1. I want to buy a round-trip ticket. **2.** You have to check your luggage. **3.** When does the train leave? **4.** Is there a direct train to Chicago? **5.** I want a sleeping compartment, please. **6.** Where is the dining car? **7.** Do we have to change trains?

Another Verb

Вот еще один важный глагол. Обратите внимание на то, что когда глагол кончается буквой **"y"** после согасной, форма третьего лица единственного числа кончается **"ies"**.

TO FLY = ЛЕТАТЬ	
I fly	**we fly**
you fly	**you fly**
he / she / it flies	**they fly**

Послушайте! Вы понимаете, что они говорят?

1. I don't understand the schedule.
2. They don't sell chocolate here.
3. We travel by train.
4. He learns a lot.
5. The hotel clerk understands Spanish.
6. Anita goes to her room.

Вставьте правильную форму глагола.

1. When we _________ to Chicago, we _________ by airplane. (travel, go)
2. If you do not _________ English, you will not _________ what people say. (learn, understand)
3. They _________ tickets at the theater. (sell)
4. We talk to Mr. Lopez because he _________ Spanish. (understand)
5. Mr. Smith _________ to Washington. (go)
6. Henry _________ a lot in school. (learn)

ОТВЕТЫ

1. travel, go **2.** learn, understand **3.** sell **4.** understands **5.** goes **6.** learns

Additional Verbs

Еще глаголы

to return или
to come back = возвращаться

to return или
to give back = возвращать

В английском, форма слова не всегда определяет значение. Значение часто зависит от контекста, как например слово **"return".**

Прочитайте следующие предложения. Понимаете ли Вы разницу?

1. My family comes back tomorrow.
2. At what time do you return?
3. I return the ticket.
4. The porter gives back my suitcases.
5. Shall we come back by train or by bus?

ALL ABOARD!

На посадку!

Знаете ли Вы эти слова, в которых отсутствуют некоторые буквы? (Русское слово написано рядом.)

Departure
отправление

1. T _ _ _ _ (поезд)
2. D _ _ T _ _ _ _ _ _ N (место назначения)
3. CO_ _ _ _ _ _ ON (пересадка)
4. B _ _ _ H (кабина)
5. B _ _ T H (кровать)
6. BA _ _ _ G _ (багаж)
7. D _ _ _ R _ _ _ _ (отправление)
8. S _ _ T _ _ N (вокзал)
9. A _ _ _ V _ _ (приезд)
10. S _ _ _ D _ L _ (расписание)
11. T _ _ P (поездка)
12. T _ _ K _ _ (билет)

ОТВЕТЫ

1. TRAIN **2.** DESTINATION **3.** CONNECTION **4.** BOOTH **5.** BERTH **6.** BAGGAGE **7.** DEPARTURE **8.** STATION **9.** ARRIVAL **10.** SCHEDULE **11.** TRIP **12.** TICKET

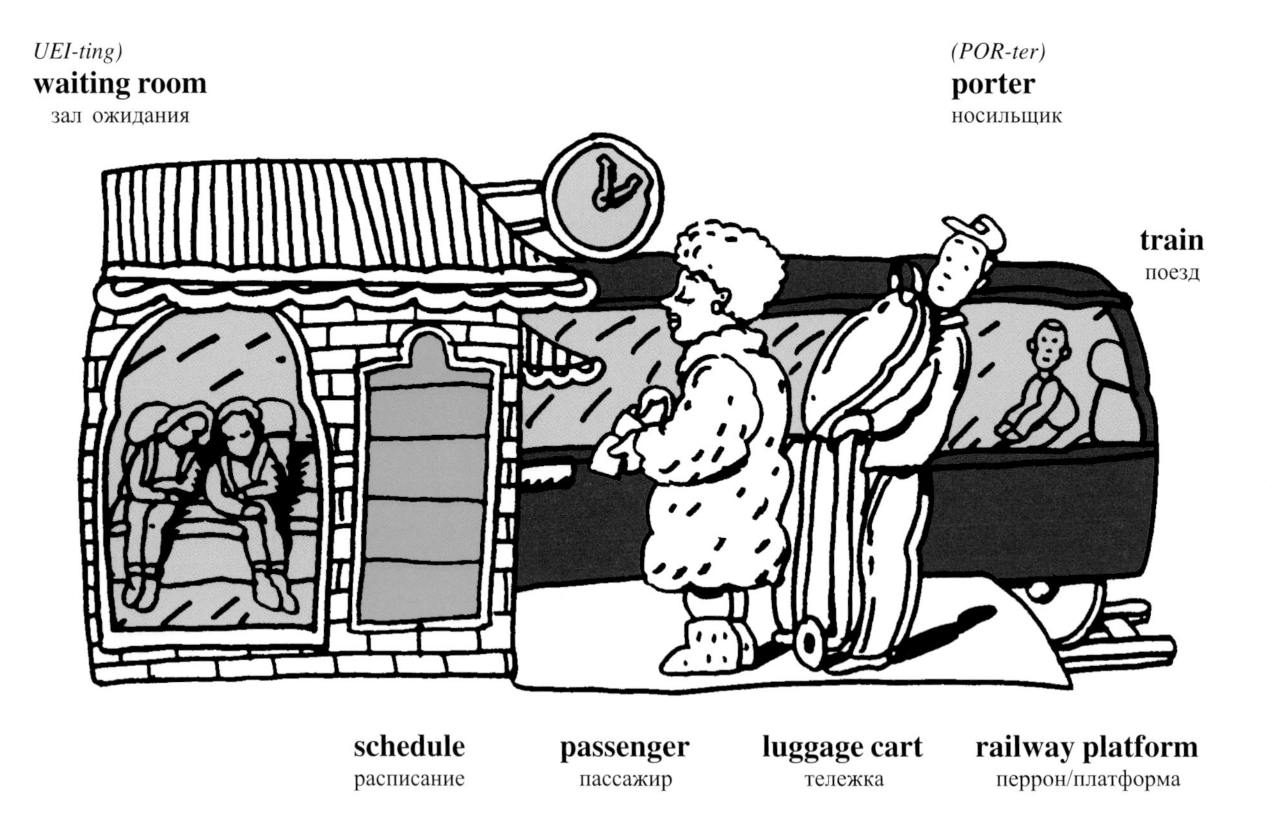

Continuous Tense

Длительное время

В русском языке настоящее время глагола выражает постоянное действие и действие, которое происходит сейчас, в этот момент. В английском языке значение "в этот момент" выражается длительным временем глагола, которое образуется с помощью глагола **to be** плюс окончание **-ing.** *Я говорю* по-английски переводится **I speak, I am speaking.** Обратите внимание на предложения.

He walks to the store.	**He is walking to the store.**	**Is he walking to the store?**
You visit your aunt.	**You are visiting your aunt.**	**Are you visiting your aunt?**

Послушайте и вставьте формы длительного времени глагола.

Например: **She sells. She is selling. Is she selling?**

1. He reads. He _________ _________. _________ he _________?
2. I walk. I _________ _________. _________ I _________?
3. We travel. We _________ _________. _________ we _________?
4. You learn. You _________ _________. _________ you _________?
5. They go. They _________ _________. _________ they _________?

TO GIVE = ДАВАТЬ

Вы понимаете следующие предложения?

1. I give a chocolate bar to my daughter.
2. The clerk gives a ticket to the traveler.
   путешественник
3. The girls give a flower to their mother.
4. Let's give the baggage check to the porter.
5. You should give a tip to the porter.
   чаевые

ОТВЕТЫ

1. He is reading. Is he reading? **2.** I am walking. Am I walking? **3.** We are traveling. Are we traveling? **4.** You are learning. Are you learning? **5.** They are going. Are they going?
To Give: 1. Я даю шоколад моей дочери. **2.** Клерк дает билет путешественнику. **3.** Девушки дают цветок своей матери. **4.** Даем талончик носильщику. **5.** Вы должны дать чаевые носильщику.

Our family arrives at the railroad station. My father goes to the ticket booth and he buys tickets for our train trip. After he pays, the clerk gives the tickets to Dad and we go to the railway platform.
папа

We take the train at two o'clock in the afternoon and we travel to Chicago on an express train. When we arrive, we get off the train and my father looks for our luggage in the baggage car. He gives the luggage check to the porter but, when the porter gives back our luggage, my father does not give him a tip. I don't

(uai)
understand. Why?
Почему

Because it is not our luggage!
Потому что

Вы понимали короткий рассказ о поездке? Заполните правильной формой глагола.

1. We don't ________________ Spanish. (to understand)

2. Tourists ________________ at the ticket booth. (to pay)

3. The porter ________________ the luggage to the family. (to give back)

4. You ________________ from the United States. (to be)

5. They ________________ to the hotel. (to go back)

ОТВЕТЫ

1. understand **2.** pay **3.** gives back **4.** are **5.** go back

7 Countries and Languages

(LEN-gua-jez)

Страны и языки

Теперь посмитрим, как люди, которые говорят по-английски, смотрят на мир. Как называются страны по-английски? Посмотрите на карту и прочитайте английские названия вслух.

The Countries

(os-TREL-ya)
Australia ____________

(CHAI-na)
China ______________

(JER-ma-ni)
Germany ____________

(I-ta-li)
Italy ________________

(MEKS-I-ko)
Mexico ______________

(spein)
Spain _______________

the United States _______________

(KA-na-da)
Canada __________________

(frans)
France __________________

(greit BRI-ten)
Great Britain _____________

(ja-PAN)
Japan ___________________

(RO-sha)
Russia ___________________

(SUIT-ser-land)
Switzerland ______________

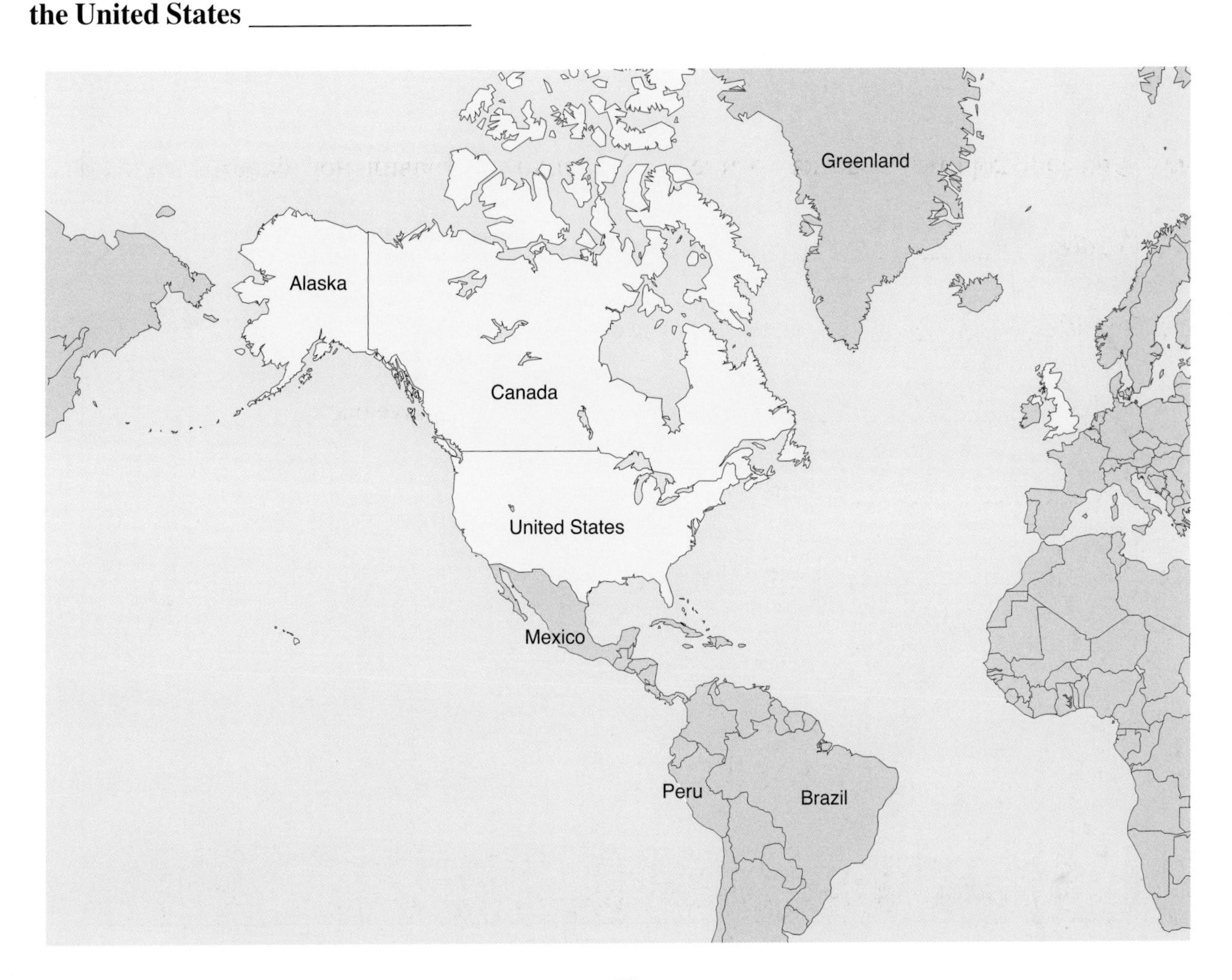

Хотите знать, где находится на карте Ваша страна? Спросите:

Where is ______________?

Когда Вы её найдете, ответьте: **"Here is______________."**

I Speak

Я говорю

Я говорю по-русски, по-английски, и т.д. выражается в английском просто так: **I speak Russian, I speak English.** Напишите курсивом.

1. I speak English

____

(JER-man)

2. I speak German

____

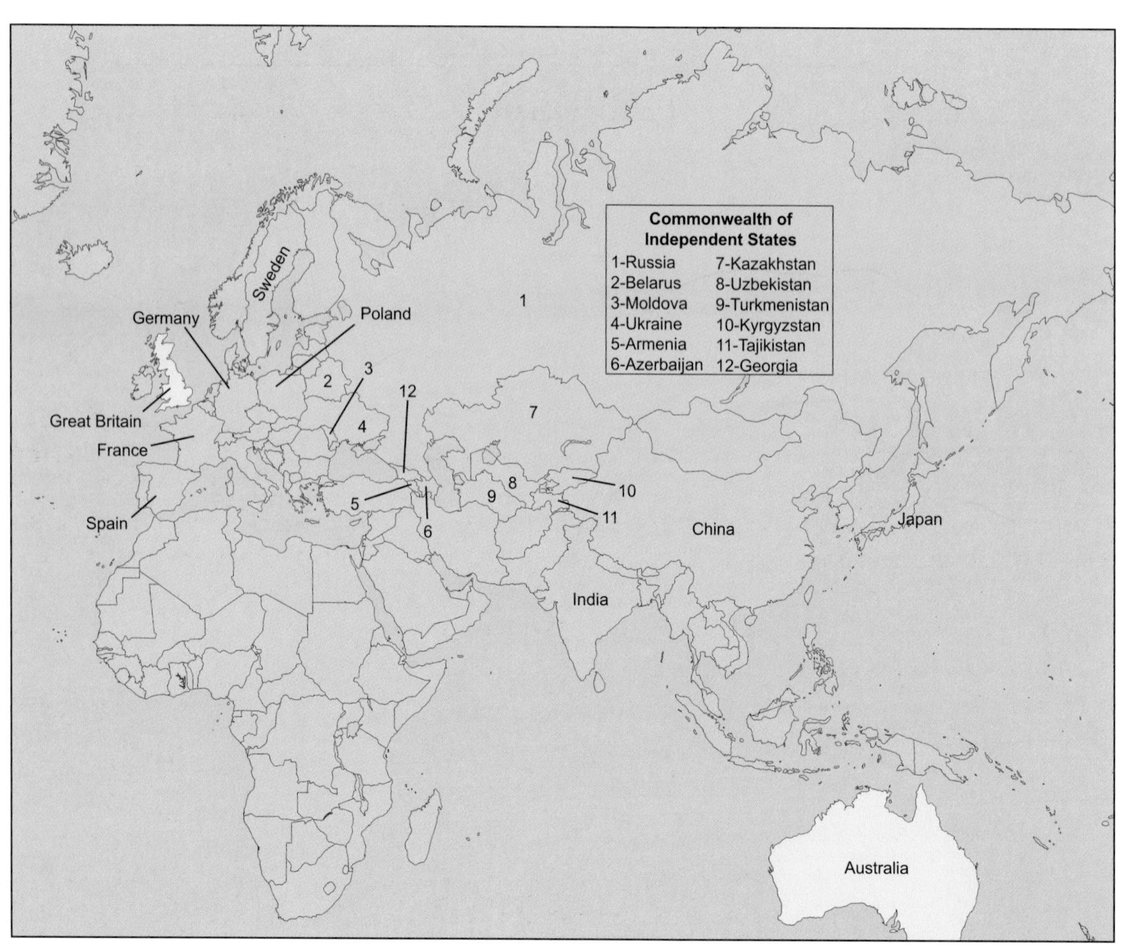

3. I speak French

____

4. I speak Spanish

____

(RA-shin)
5. I speak Russian

____

(chai-NIZ)
6. I speak Chinese

____

(ja-pa-NEEZ)
7. I speak Japanese

____

I am . . .

По-английски названия стран, языков и национальностей пишутся большой (прописной буквой). Английский не различает мужского от женского рода в словах о национальности.

Country страна	**United States**	**Russia**
Language язык	**(American) English**	**Russian**
Nationality национальность	**I am American.** **I am an American.**	**I am Russian.** **I am a Russian.**

Америка—страна иммигрантов, и в основном, все хотят стать и быть американцами. Они очень гордятся своим происхождением. По-этому Вы часто слышите от американского гражданина: **I am Russian, I am Irish, I am Spanish, he's French, she's German.** Когда есть одна форма для прилагательного и другая форма для существительного, перед существительным употребляется неопределенный артикль: **a Russian, a Frenchman, etc.** Переведите следующие предложения.

1. Я американец/американка. **I am an ______________________.**

ОТВЕТЫ

1. American

2. Я австриец/австрийка. I am ______________________________.

3. Я австралиец/австралийка. I am ______________________________.

4. Я бельгиец/бельгийка. I am ______________________________.

5. Я британец/британка. I am ______________________________.

6. Я канадец/канадка. I am ______________________________.

7. Я китаец/китаянка. I am ______________________________.

8. Я датчанин/датчанка. I am ______________________________.

9. Я голландец/голландка. I am ______________________________.

10. Я француз/француженка. I am ______________________________.

11. Я немец/немка. I am ______________________________.

12. Я итальянец/итальянка. I am ______________________________.

13. Я японец/японка. I am ______________________________.

14. Я беларус/беларуска. I am ______________________________.

ОТВЕТЫ

2. Austrian **3.** Australian **4.** Belgian **5.** British **6.** Canadian **7.** Chinese **8.** Danish **9.** Dutch
10. French **11.** German **12.** Italian **13.** Japanese **14.** Belarussian

15. Я норвежец/норвежка. I am ______________________.

16. Я поляк/полячка. I am ______________________.

17. Я русский/русская. I am ______________________.

18. Я украинец/украинка. I am ______________________.

19. Я швед/шведка. I am ______________________.

20. Я турок/турка. I am ______________________.

Любите ли Вы географию? Ответьте на вопросы и напишите, в каких странах следующие места находятся.

(AI-fel) (TAU-er)
1. Where is the Eiffel Tower? ______________________
2. Where is New York? ______________________
3. Where is Acapulco? ______________________
4. Where is Berlin? ______________________
5. Where is the Colosseum? ______________________
6. Where is the Prado Museum? ______________________

(темс)
7. Where is the Thames River? ______________________
река

ОТВЕТЫ

15. Norwegian **16.** Polish **17.** Russian **18.** Ukrainian **19.** Swedish **20.** Turkish

География: 1. It is in France. **2.** It is in the United States. **3.** It is in Mexico. **4.** It is in Germany. **5.** It is in Italy. **6.** It is in Spain. **7.** It is in Great Britain.

Another Verb

Следующий глагол нам очень нужен в формировании английских предложений, в особенности для вопросов и отрицательных выражений.

(du) **TO DO** делать	
I do	**we do**
you do	**you do**
he she it } **does**	**they do**

Обратите внимание на то, как образуются вопросы и отрицания.

You speak English.	**Do you speak English?**	**You do not speak English.**
He arrives today.	**Does he arrive today?**	**He does not arrive today.**

Вопрос =
do + предмет + глагол

Отрицание =
предмет + **do + not** + глагол

Напишите вопросы и отрицания для следующих предложений.

1. **They enter the hotel.** ______________________________
2. **We have a reservation.** ______________________________
3. **The room has hot water.** ______________________________

ОТВЕТЫ

1. Do they enter the hotel? They do not enter the hotel. **2.** Do we have a reservation? We do not have a reservation. **3.** Does the room have hot water? The room does not have hot water.

More Numbers

Еще числа

Послушайте и обратите внимание, как образуются числа с сотнями—**hundreds.** Для практики напишите курсивом следующие числительные.

(tu) *(HON-dred)*
two hundred ______________________________
двести

three hundred ______________________________
триста

four hundred ______________________________
четыреста

five hundred ______________________________
пятьсот

six hundred ______________________________
шестьсот

seven hundred ______________________________
семьсот

eight hundred ______________________________
восемьсот

nine hundred ______________________________
девятьсот

(SAU-zend)
one thousand ______________________________
тысяча

Числительные выражаются по разному в английксом. Иногда Вы слышите слова **hundred** или **thousand** вместе со словом **and,** а иногда без слова **and.** И то и другое правильно.

Например: **110 = one hundred and ten**
one hundred ten

Прочитайте вслух и напишите следующие числительные.

1. 111 **2.** 222 **3.** 333 **4.** 415 **5.** 513 **6.** 647
7. 1776 **8.** 859 **9.** 995 **10.** 2112 **11.** 3564 **12.** 4716

Когда речь идет о годах по-английски обычно говорят **nineteen ninety-nine** (19-99) вместо **one thousand nine hundred ninety-nine.** Американская декларация независимости, например, подписалась в 1776, американцы читают так: **seventeen seventy-six** (17-76).

ОТВЕТЫ

1. one hundred and eleven
2. two hundred and twenty-two **3.** three hundred and thirty-three **4.** four hundred and fifteen
5. five hundred and thirteen **6.** six hundred and forty-seven **7.** one thousand seven hundred and seventy-six
8. eight hundred and fifty-nine **9.** nine hundred and ninety-five **10.** two thousand one hundred and twelve
11. three thousand five hundred and sixty-four **12.** four thousand seven hundred and sixteen

From Moscow to . . .

От Москвы до.....

Посмотрите на карту и на расстояния от Москвы до разных городов мира. Спросите сколько миль от Москвы до другого города. Вы наверно уже заметили, что американцы мерят расстояние в милях **(miles),** а не в километрах. На дорогах и шоссе в Соединенных Штатах все дорожные знаки указываются в милях. (Миль приблизительно 1.60 километра, или один километр = .62 миля.)

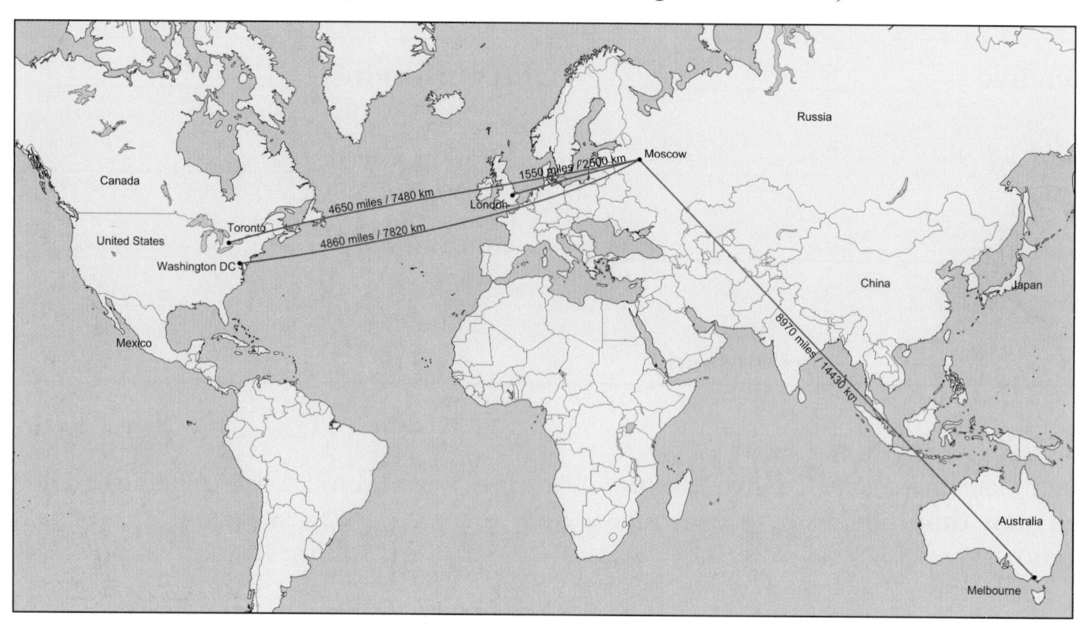

1. Is Moscow very far from Washington, DC? Moscow is __________ miles *(mailz)* from Washington, DC.

2. Is Melbourne very close *(clos)* to Moscow? Melbourne is __________ miles from Moscow.

3. Is it very far from Moscow to Toronto? Moscow is __________ miles from Toronto.

I Understand

Я понимаю

Очень трудно когда нас не понимают, или мы других не понимаем. Представьте себе, что Вы находитесь в большом городе, как в Нью Йорке. Послушайте и повторите текст, в котором мы встречаем типичное начало рассказа: "Ко мне подходит человек и говорит . . .".

I get on the subway at 34th Street and I go to Times Square. I take another train

and I go to 59th Street. When I get out of the train, I can't find my purse *(pers)***. I look**

из вагона я не могу найти мою сумку. я ищу

for a policeman *(po-LIS-men)* **and I speak to him.**

полицейского

ОТВЕТЫ

1. 4860 **2.** 8970 **3.** 4650

New York's Subways

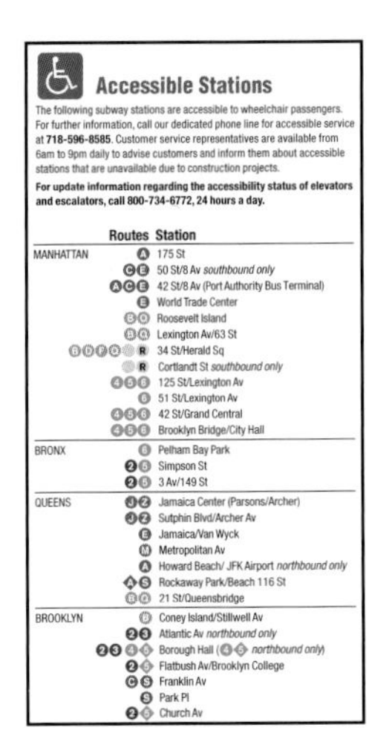

Accessible Stations

The following subway stations are accessible to wheelchair passengers. For further information, call our dedicated phone line for accessible service at **718-596-8585**. Customer service representatives are available from 6am to 9pm daily to advise customers and inform them about accessible stations that are unavailable due to construction projects.

For update information regarding the accessibility status of elevators and escalators, call 800-734-6772, 24 hours a day.

	Routes	Station
MANHATTAN	A	175 St
	C E	50 St/8 Av *southbound only*
	A C E	42 St/8 Av (Port Authority Bus Terminal)
	E	World Trade Center
	B Q	Roosevelt Island
	B Q	Lexington Av/63 St
	B D F Q N R	34 St/Herald Sq
	N R	Cortlandt St *southbound only*
	4 5 6	125 St/Lexington Av
	6	51 St/Lexington Av
	4 5 6	42 St/Grand Central
	4 5 6	Brooklyn Bridge/City Hall
BRONX	6	Pelham Bay Park
	2 5	Simpson St
	2 5	3 Av/149 St
QUEENS	J Z	Jamaica Center (Parsons/Archer)
	J Z	Sutphin Blvd/Archer Av
	E	Jamaica/Van Wyck
	M	Metropolitan Av
	A	Howard Beach/ JFK Airport *northbound only*
	A S	Rockaway Park/Beach 116 St
	B Q	21 St/Queensbridge
BROOKLYN	D	Coney Island/Stillwell Av
	2 3	Atlantic Av *northbound only*
	2 3 4 5	Borough Hall (4 5 *northbound only*)
	2 5	Flatbush Av/Brooklyn College
	C S	Franklin Av
	S	Park Pl
	2 5	Church Av

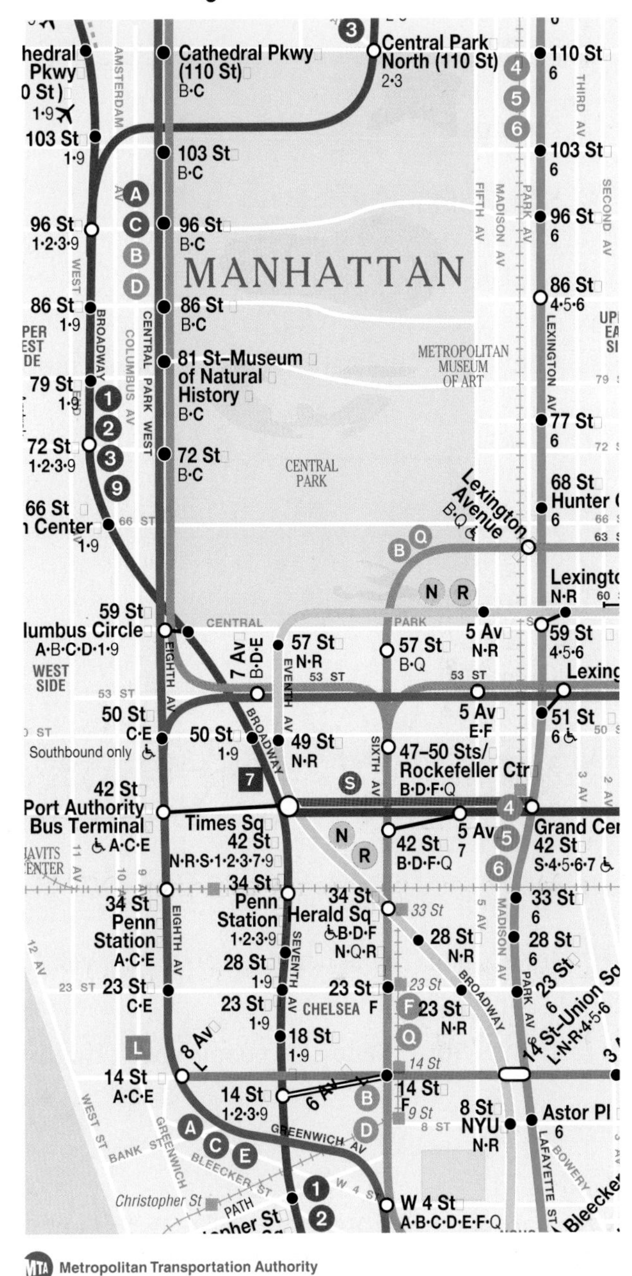

The policeman does not understand

Russian and I do not

understand English. What a problem!
проблема
(mI)
But a Russian New Yorker helps me.
помогает
(ferst)
The policeman asks for my first name,
просит имя
(a-DRES) (rait)
my last name and my address. I write
фамилия адрес
(in-for-MEI-shen)
the information on a form and then I go
анкета

to the Russian Consulate to say that now
российское консульство
(GUD-nes)
I do not have my passport. My goodness!
паспорт Боже мой!
(streinj)
What am I going to do? In a strange city,
Что мне делать? иностранный город
(uiZ-AUT) (MA-ni)
without a passport and without money, but
без без денег
(KRE-dit) (lIv) (OF-is)
I have my credit card. I do not leave home without it. I go to the American Express office, where
кредитная карточка офис
(giv)
they give me money. When I go back home, I find my purse on the dresser!

Какие предметы ассоциируются со специфическими странами?

1. vodka ____________________
2. champagne ____________________
3. Statue of Liberty ____________________
4. Shakespeare ____________________
5. chili ____________________
6. castanets ____________________
7. pizza ____________________
8. geishas ____________________

Как пишутся прилагательные национальностей следующих стран?

1. Russia ____________________
2. France ____________________
3. United States ____________________
4. Great Britain ____________________
5. Mexico ____________________
6. Spain ____________________
7. Italy ____________________
8. Japan ____________________

Послушайте? Можете ли Вы ответить на вопросы?

1. What languages do you understand?
2. In Spain, what language do they speak?
3. In Germany, what language do they speak?
4. In the United States, do people (*PI-pel*, люди) speak English?
5. Do you speak English?

Понимаете ли Вы эти фразы?

The French live in France. They speak and understand French.

The Spanish live in Spain. They speak and understand Spanish.

The Italians live in Italy. They speak and understand Italian.

ОТВЕТЫ

Страны: 1. Russia **2.** France **3.** United States **4.** Great Britain **5.** Mexico **6.** Spain **7.** Italy **8.** Japan

Прилагательные: 1. Russian **2.** French **3.** American **4.** British **5.** Mexican **6.** Spanish **7.** Italian **8.** Japanese

8 On the Road

(rod)

На дороге

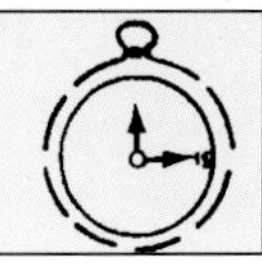

RENTING A CAR

Взять напрокат машину

Чтобы больше увидеть, лучше поехать на машине. Очень просто взять машину на прокат. Вам нужны будут водительские права и кредитная карточка. Послушайте и повторите.

CUSTOMER **Good morning.**

(rent)

I want to rent a car.
взять на прокат

AGENT **For how long?**
на сколько времени?

CUSTOMER **For two weeks.**

AGENT **Do you want the insurance coverage?**
страховка

CUSTOMER **No, thank you. My credit card covers damages.**
покрывает

AGENT **Do you want to pay for the gas, or return the car with a full tank?**
платить за бензин

CUSTOMER **I'll take the gas.**

AGENT **Mileage is included. The price is $120 per week. Your driver's license, please, and a valid credit card.**
водительские права

CUSTOMER **Can I return the car in the city I am going to?**
можно вернуть

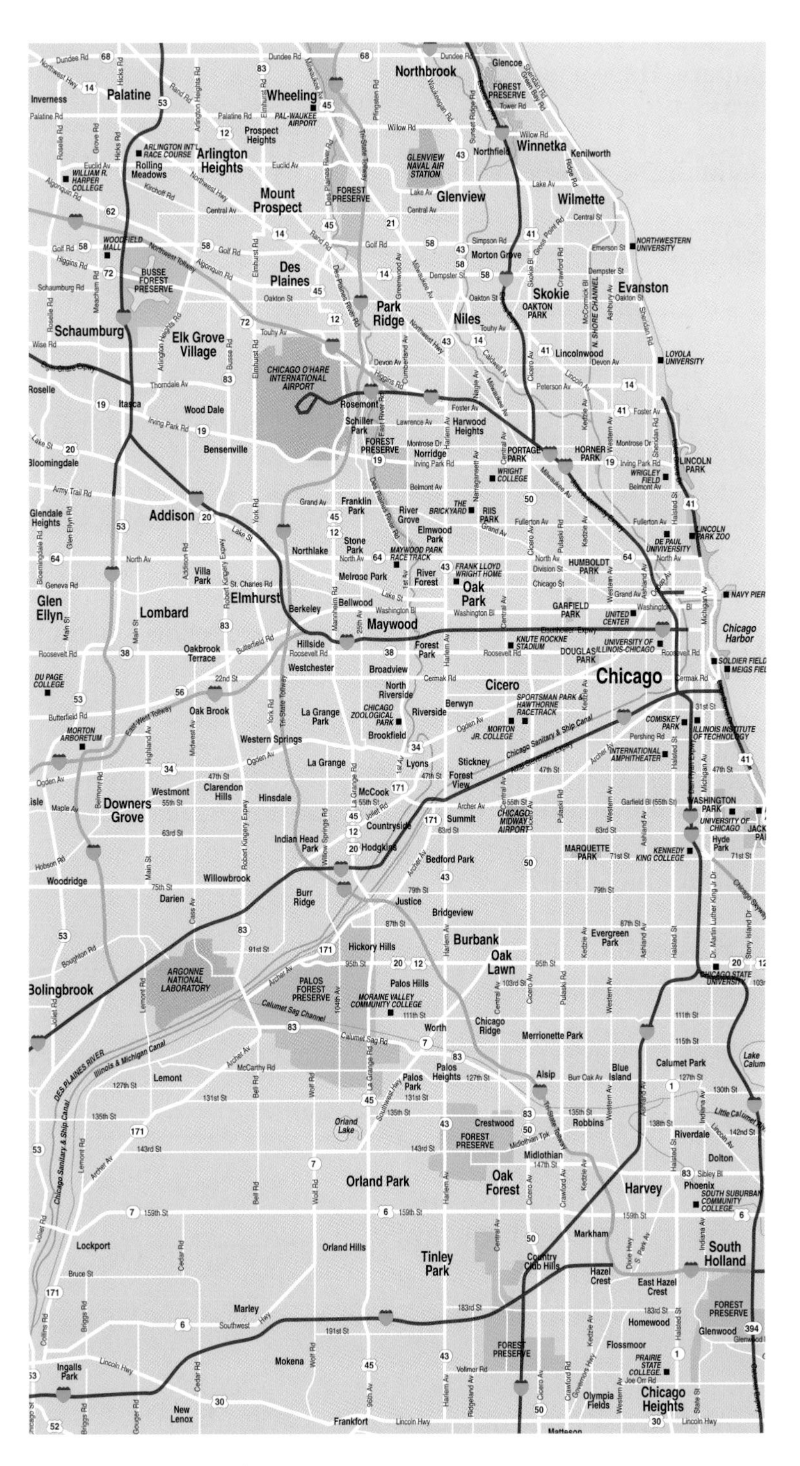

AGENT **What city?**

CUSTOMER **Chicago.**

(kors)
AGENT **Of course. I am from Chicago. Here you have the keys and the**
конечно вот ключи

papers. Have a good trip!
документы

Заполните пропущенные слова.

1. I want ____________________ a car.
2. ____________________ coverage?
3. ____________________ gas.
4. ____________________ license, please.

Useful Expressions

Полезные выражения

Ездить по Америке и по Канаде интересно. Запишите и выучите следующие выражения.

How much per day? ____________________

(in-SHUR-ens)
How much is the insurance? ____________________

Is gas included? ____________________

(di-PAZ-it)
Do I leave a deposit? ____________________
оставить задаток

Вы не знаете куда ехать. Американцы очень любят помогать. Спросите.

How do I get to ____________________**?**
как доехать до

(HAI-way)
Where does this highway go? ____________________
дорога/шоссе

Do you have a road map? ____________________

(DI-turs)
Are there detours on the road? ____________________
объезды

ОТВЕТЫ

1. to rent **2.** Do you want the insurance **3.** I'll take the **4.** Your driver's

ROAD SIGNS

Дорожные знаки

Дорожные знаки в Соединенных Штатах отличаются от международной нормы. Обратите внимание на следующие важные знаки для Вашей поездки.

Стоянка

Направо запрещен

Грузовики запрещены

Поворот на красный свет запрещен

Максимальная скорость

Опасный поворот

Узкий мост

Стоп

Налево запрещен

Уступите дорогу

Разворот запрещен

Железнодорожный переезд

Направо

Въезд запрещен

Дорога сужувается

Сужение дорог

Светофор

Двусторонее движения

Движение въезжает справа

Крутой спуск

Скользкая дорога

Рабочая зона

Бензоколонка

Объезд

Односторонее движение

Опасный перекресток

Работа на дороге

Больница

The Service Station

Бензоколонка

CUSTOMER **Can you fill the tank?**
наполнить бак

(Re-gu-lar) (SU-per) (EKS-tra)
MANAGER **Regular, super, or extra?**

(oil) *(TAI-ers)*
CUSTOMER **Regular. I also need oil. Will you please check the tires and the**
масло шины

(UA-ter)
water?

MANAGER **Everything is O.K.**
всё

CUSTOMER **I am going to Washington, D.C. What is the best way?**

(смотрит на автодорожную карту)

(hir) *(SRU-uei)* *(Ist)*
MANAGER **Well, you are here. You must take the thruway going east.**

(tern) *(IN-ter-steit)* *(kon-TIN-yu)*
After two miles, turn left onto the Interstate Highway. Then, continue
поверните налево потом

(sains)
about four miles and turn right. Then you should follow the signs.
направо Вы должны следить по знакам.

CUSTOMER **Is there much traffic?**

(taim) *(LIT-tel)*
MANAGER **At this time, very little.**
очень мало

Покажите Ваше знание машин. Ответьте на вопросы.

1. What do we fill the tank with? We fill the tank with ______________________.
2. What do we put in the motor? We put ______________________________.
3. What else can you check at the service station? I can check __________ and __________.

ОТВЕТЫ

1. gas **2.** oil **3.** tires and water

В Соединенных Штатах дороги и шоссе отличные. Иногда приходится платить за проезд и за мосты и туннели. Не забудьте иметь при себе наличные деньги для таких затрат.

THE CAR

Машина

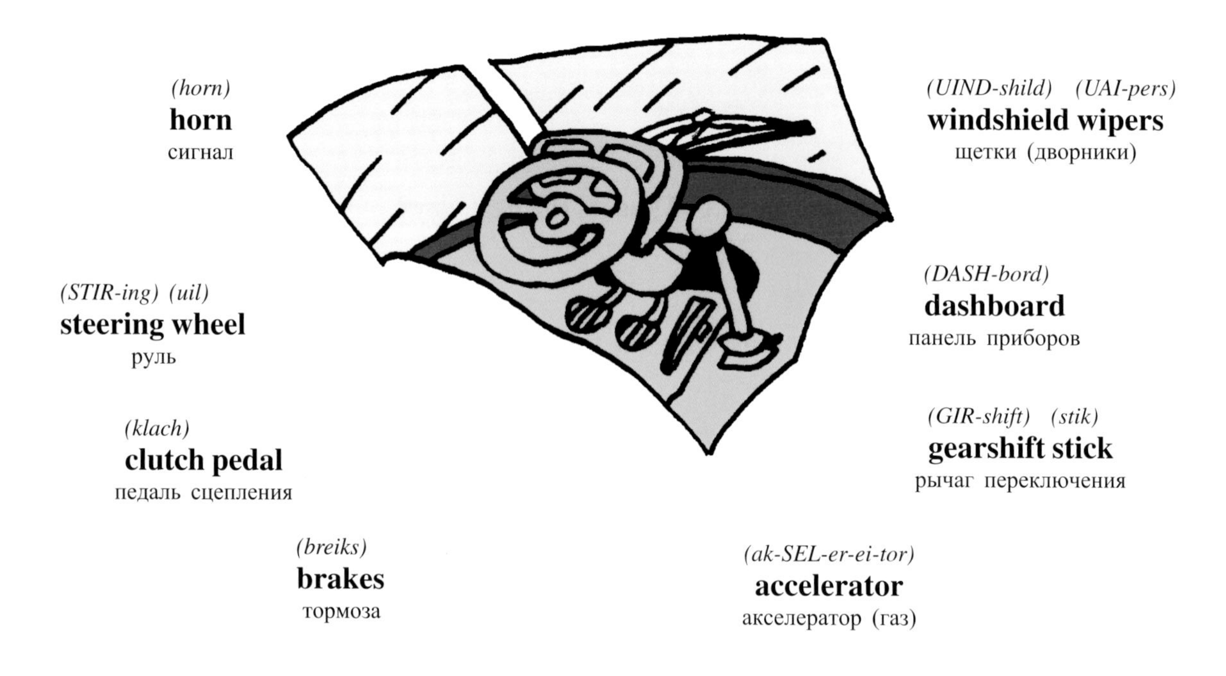

trunk
багажник

(BAM-per)
bumper
бампер

(sIt)
seat
сидение

(LAI-sens) (pleit)
license plate
номер машины

roof
крыша

gas pump
бензоколонка

window
окно

body of car
шасси

(FEN-der)
fender
крыло

tires
шины

(HAN-del)
door handle
ручка

gas tank
бензобак

door
дверь

Теперь напишите названия частей машины.

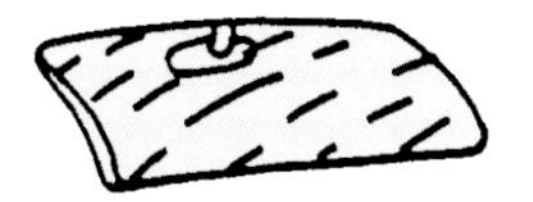

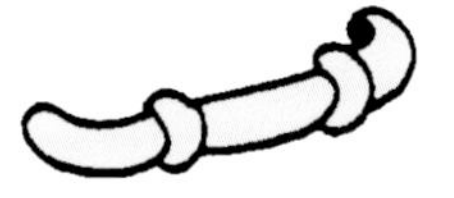

(ri-PERZ)

More Useful Expressions for Repairs

Полезные выражения для ремонта машины

Мы надеемся, что Вы ездите без проблем, но на всякий случай запишите следующие выражения. Они также годятся, когда Вы едете на велосипеде **(bike-bicycle)** или мотоцикле **(motorcycle).**

Can you help me? ______________________
помочь

(flet)
I have a flat tire. ______________________
шина спустилась

(uont) (ron)
The car won't run. ______________________
идет

The car won't start. ______________________
заводится

(uerk)
The brakes don't work. ______________________
работают

(chenj)
Can you change the oil? ______________________
сменить масло

(ded)
The battery is dead. ______________________
сел

(mek-A-nik)
I need a mechanic. ______________________
механик

(lik)
The radiator has a leak. ______________________
протекает

(EI-bel)

To Be Able To, Can

Мочь/уметь

В русском, как в английском, очень важно выразить Ваши возможности. Слова **be able to** и **can** употребляются в предложениях, где русские говорят "могу, умею, можно, возможно".

Can часто переводится русским глаголом "мочь".

CAN	
I can	we can
you can	you can
he, she, it can	they can

Обратите внимание на отрицательные формы:

I CANNOT GO. WE CAN'T COME.
В первом примере, полная форма образуется двумя словами **can+not** соединенными в одном **cannot.** В разговорной речи и иногда в письменной, Вы встречаете сокращение **can't.**
Например: **Can you come to my house? No, I can't.**

SAYING "NO"		
I am = I am not, I'm not	**I have = I have not, I've not, I haven't**	**I can = I cannot, I can't**
you are = you are not, you're not, you aren't	**you have = you have not, you've not, you haven't**	**you can = you cannot, you can't**
she is = she is not, she's not, she isn't	**he has = he has not, he's not, he hasn't**	**it can = it cannot, it can't**
we are = we are not, we're not, we aren't	**we have = we have not, we've not, we haven't**	**we can = we cannot we can't**
they are = they are not, they're not, they aren't	**they have = they have not, they've not, they haven't**	**they can = they cannot, they can't**

Вы понимаете следующие предложения?

1. I can speak Russian.
2. He can drive my car.
3. He cannot drive my car.
4. We can go to Chicago tomorrow.
5. We can't go to Chicago tomorrow.

(EK-si-dent)

AN ACCIDENT

Авария

Be careful! (Осторожно!). В чужой стране Вы должны обратить внимание на дорожные знаки и иметь ввиду другой стиль езды. Наш короткий текст даст Вам необходимые слова и выражения для Вашего путешествия.

DRIVER *(As he begins his way back down the other side of the mountain.)*
водитель

(aim) (VE-ri)
I never look at the traffic signs. I'm not very careful when I drive, and I drive
внимательно вожу машину

(spId) (LI-met)
very fast—I go sixty-five miles an hour, and the speed limit on this highway is
быстро

fifty. The road is very dangerous but I am in a hurry. . . . Oh, my goodness!
опасная спешу

(Haste makes waste. A truck just happens to be on the same road.)

(The policeman arrives.)

POLICEMAN **How are you? OK? Your license, please. Where are you from?**
права

Are you a tourist? What is your name and your address?
адрес

Now I am going to call a mechanic.
звать

(The mechanic arrives.)

MECHANIC **You are lucky. You only**
вам повезло только

have a flat tire.

DRIVER **Can you change the tire?**
сменить шину

MECHANIC **Do you want to call to**

arrange an appointment?
назначить время

В нашем тексте три важных выражения с глаголом **to be: to be careful, to be in a hurry, to be lucky.**

По-русски мы говорим "будьте осторожны" **be careful,** "спешить" **be in a hurry,** и "мне, тебе, вам, везет (повезло)" **be lucky.**

Переведите следующие предложения с русского на английский:

1. Мне везет. ______________________________
2. Мы осторжны. ______________________________
3. Семья спешит. ______________________________
4. Вам везет/повезло. ______________________________
5. Я спешу. ______________________________

TO DO, TO MAKE, TO COME

(du) *(meik)* *(kom)*

Делать, строить, приходить/приехать

Глаголы **to do** (действие), **to make** (предмет), и **to come** употребляются в многих ежедневных выражениях по-английски.

Третье лицо единственного числа (он, она, оно) глагола **do** образуется при помощи **-es:**

He does his work.	**She does the job.**
We do our work.	**They do the job.**

ОТВЕТЫ

1. I am lucky. **2.** We are careful. **3.** The family is in a hurry. **4.** You are lucky. **5.** I am in a hurry.

TO COME = ПРИХОДИТЬ/ПРИЕХАТЬ

I come	**we come**
you come	**you come**
he / she / it } comes	**they come**

Вставьте правильные формы глаголов **to do, to make, to come.**

1. I ________________ a cake *(keik)* for my husband's birthday *(BERZ-dei)*.
2. You ________________ home from work at 5:00.
3. He ________________ his homework every *(EV-ri)* day.
4. I ________________ my job well.
5. They ________________ too much noise *(noiz)*.
6. She ________________ to my house every day.
7. We ________________ the work carefully.

ОТВЕТЫ

1. make **2.** come **3.** does **4.** do **5.** make **6.** comes **7.** do

9

(KEM-ping)

Camping

Кемпинг

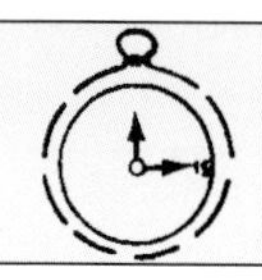

В Соединенных Штатах многие любят кемпинг. Во–первых, намного дешевле оставаться в палатках, чем в гостинице. Во-вторых, эти места очень удобные. Часто в них бывают бассейн, душ, гастроном, одним словом все, что нужно хорошо отдыхать.

Ну, поехали!

(e-KÜIP-ment)

EQUIPMENT

Оборудование

Посмотрите, что из этих вещей Вам будет нужно.

(FLESH-lait) **flashlight** карманный фонарь

(trI) **tree** дерево

clothing одежда

(bruk) **brook** ручей

basket корзинка

(SLI-ping) **sleeping bag** спальный мешок

(ors) **oars** весла

blanket одеяло

sun солнце

(ka-NU) **canoe** каноэ

boots сапоги

(peil) (BAK-et) **pail, bucket** ведро

(SER-mos) **thermos** термос

cans консервы

(yu-TEN-silz) **cooking utensils** посуда

toilet articles туалетный прибор

(POR-ta-bel) **portable radio** радио

box ящик

(MA-tres) **air mattress** надувной матрац

(FI-shing) (pol) **fishing pole** удочка

(KORK-skru) **corkscrew** штопор

(MA-ches) **matches** спички

(KAMP-graund)

THE CAMPGROUND

Кемпинг/турбаза

(ek-SKYUZ) (mi)
MARCOS **Excuse me. Is there a campground around here?**
поблизости

JOHN **Fifteen miles from here.**
пятнадцать миль отсюда

MARCOS **Does it have toilets and drinking water?**
туалеты питьевая вода

(RON-ing) (SHAU-ers) (i-lek-TRI-si-ti)
JOHN **Yes, it has running water, showers, electricity, and gas.**
водопровод электричество

(ER-i-a)
There is also a grocery store in the area.

(doz)
MARCOS **Does it cost a lot?**

(RI-son-a-bel) (reits)
JOHN **No, they have reasonable rates. Do you have children?**
умеренные тарифы дети

MARCOS **Yes, I have two. Why?**

(PLEI-graund)
MARCOS **Because the campground has a playground. How long are you**
детская площадка

going to camp out?
спать на открытом воздухе

MARCOS **One week in our tent with my wife and two children.**
палатка

(ma-SKI-toz)
JOHN **And with the mosquitos too!!!**
еще/кроме того

1. Вам очень хочется пить и принимать душ. Что Вы спросите? ____________________ and ____________________
2. Если Вы собираетесь готовить **(cook),** Вам нужно будет и электричество и газ. ____________________ and ____________________
3. Если Вам нужны продукты, куда надо идти? To the ____________________.
4. Пусть дети будут играть in the ____________________.
5. В Америке, Вы встретите огромные прицепы (трелеры-**trailers**), но к сожалению у Вас нет такого. Где Вы будете спать? In a ____________________.

ОТВЕТЫ

1. drinking water and a shower **2.** electricity and gas **3.** grocery store **4.** playground **5.** tent

(GRO-se-ri) (stor)
AT THE GROCERY STORE

В продовольственном магазине

LENA **Good morning. I need some** (Мне нужны)
(NU-delz) (BAT-er)
noodles, butter, and a little bit
лапша масло
(a piece) of ham.
кусок ветчины
And do you have matches?
спички

(SHOP-ki-per) (BAN-fai-ers) (for-BID-den)
SHOPKEEPER **Are you camping? Bonfires are forbidden in the campground.**
Продавец костры запрещены

(stov) (solt)
LENA **We have a stove. I also need a little red wine, milk, salt, and bread.**
плита красное вино молоко соль хлеб

(The shopkeeper puts everything in a bag.)
Продавец кладет всё в пакетик.

LENA **How much is it?**

SHOPKEEPER **Eight dollars.**

(TREV-e-lers)
LENA **Can you cash a traveler's check for twenty dollars?**
принимаете дорожные чеки

Нет первого без второго. Что Вам нужно, если у Вас есть первое?

1. butter ________________________
2. matches ________________________
3. traveler's check ________________
4. to cook ________________________
5. to drink ________________________

ОТВЕТЫ

1. bread **2.** bonfire, stove **3.** dollars **4.** stove **5.** wine, milk

To Need, To Have To Do Something

Нужно, надо что-нибудь делать

В английском языке нужда и потребность выражаются глаголами. Английское слово **need** соответствует русскому "нужен, нужна, нужно, нужны".

Мне нужны продукты. **I need groceries.**

В русских выражениях со словами "нужно, надо" плюс глагол, в английском употребляют **need to** или **have to** (**have to** нерегулярный глагол: **he/she has to**).

Мне нужно купить продукты. **I need to buy groceries.**
I have to buy groceries.

А что мы говорим, когда нам не надо или не нужно? **I do not/don't need anything.**
She does not/doesn't need to call.
We do not/don't have to go.

Послушайте и повторите следующие предложения.

I need a tent when I go camping.
You have to buy food today.
My mother needs her suitcase because she has to pack it.
We always have to be polite.
He doesn't need to sleep much.
много
She has to sleep a lot.
много

Ответьте на вопросы.

1. Do you need to eat in order to live?
   чтобы
2. Do you have to eat in order to live?
3. Does he need a ticket?
4. Do we need to take a bus to the museum?
5. What do you need when you go camping?

ОТВЕТЫ

1. Yes, you need to eat in order to live. **2.** Yes, you have to eat in order to live. **3.** Yes, he needs a ticket. (No, he doesn't need a ticket.) **4.** Yes, we need to take a bus to the museum. (No, we don't need to take a bus to the museum.) **5.** You need food, a tent, matches, a flashlight, clothes, etc.

(draiv)
TO DRIVE = ВОДИТЬ МАШИНУ

Чтобы добраться до кемпинга надо ехать. Кто-то водит машину.

Mr. Ivan Bobrov drives carefully. He never drives too fast.

Ответьте на вопросы.

1. Do you drive very fast? ______________________________
2. Do you drive your car to work? ________________________
   (to work — на работу)
3. Do you drive a car or a van? __________________________
   (van — микроавтобус)

Английское слово **to know** обозначает "знать факт или человека", но и значит "уметь" **I know how to...**

I know	**we know**
you know	**you know**
he knows	**they know**
she knows	

ОТВЕТЫ

1. Yes, I drive very fast. No, I don't drive very fast. **2.** I drive my car to work. I don't drive my car to work. **3.** I drive a car. I drive a van.

Вы хотите стать переводчиком? Переведите следующие предложения на русский.

1. Do we know how to speak Russian? ______________________________.
2. Do you know Mrs. Jones? ______________________________.
3. I know where the station is. ______________________________.
4. They know the girl's name. ______________________________.
5. I don't know my address. ______________________________.

How do you say . . .?

Как сказать?

Маленький глагол **"to be"** употребляется (и требуется) во многих английских выражениях. Обратите внимание на наши примеры.

He is cold.

She is hot.

They are afraid.

Mr. Smith is sleepy.

ОТВЕТЫ

1. Умеем ли мы говорить по-русски? **2.** Вы знаете госпожу Джоунс? **3.** Я знаю, где вокзал. **4.** Они знают имя девочки. **5.** Я не знаю мой адрес.

Mrs. Smith is embarrassed.
смущена/смущен

He is thirsty.
хочется пить

He is hungry.
голоден/хочется есть

Мы все хотим выразить, что нам нужно, наше состояние и настроение. Теперь Вы должны сказать, как Вы чувствуете себя и что нужно. Переведите следующие выражения при помощи английского глагола **to be.**

1. Мне холодно. I am ________________
2. Я голоден. (мне хочется есть) I am ________________
3. Я боюсь. I am ________________
4. Мне жарко. Мне хочется пить. I am ________________
5. Я смущена. I am ________________
6. Мне хочется спать. I am ________________

ОТВЕТЫ

I am...

1. I am cold. **2.** I am hungry.
3. I am afraid. **4.** I am hot. I am thirsty.
5. I am embarrassed. **6.** I am sleepy.

В разговорной речи слово **if** употребляется в косвенных вопросах. Это соответствует русскому "ли".

> **"Do you know if...?"**
> **Do you know if there is running water at the campground?**

В кемпинге или в любом магазине надо знать, "есть ли у них..." В английском это грамматичсски очень просто:

"Do you know if they have...?"
Do you know if they have a car?
Do you know if he has a tent?
Do you know if we have a map?
Do you know if she has our money?

Повторение—мать учения. Вставьте нужные глаголы курсивом.

1. I ______________________ not Spanish.
2. I don't ______________________ how to drive a car.
3. They ______________________ ten dollars.
4. I ______________________ thirsty and I am going to drink some water.
5. Now he ______________________ at home.
   дома
6. I don't ______________________ the car.
7. She ______________________ matches in the store.
8. We don't ______________________ our meals in the hotel.
9. Do you ______________________ if there is drinking water in the campground?
10. I ______________________ to take the blanket.

ОТВЕТЫ

1. am **2.** know **3.** have **4.** am **5.** is **6.** drive **7.** buys **8.** eat **9.** know **10.** need

10 Weather, Seasons, Days, Weeks, and Months

(UE-Zer) (SI-zonz) (deiz)
(uiks) (monSs)

Погода, времена года, дни, недели, месяцы

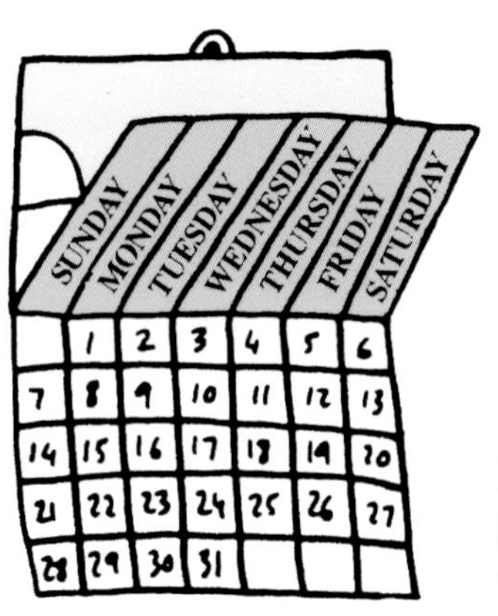

Найдите во второй колонне время года, в котором является месяц из первой колонны. Вставьте английскую букву времени года.

1

______ *(mei)* **May** май

______ *(O-gust)* **August** август

______ *(di-SEM-ber)* **December** декабрь

______ *(ju-LAI)* **July** июль

______ *(EI-pril)* **April** апрель

______ *(no-VEM-ber)* **November** ноябрь

______ *(jun)* **June** июнь

______ *(JAN-yu-e-ri)* **January** январь

______ *(ok-TO-ber)* **October** октябрь

______ *(FEB-ru-e-ri)* **February** февраль

______ *(sep-TEM-ber)* **September** сентябрь

______ *(march)* **March** март

2

A. *(UIN-ter)* **winter** зима

B. *(spring)* **spring** весна

C. *(SAM-mer)* **summer** лето

D. **fall** или *(O-tum)* **autumn** осень

Выучите названия семи дней недели:

(MON-dei)	*(TUZ-dei)*	*(UENZ-dei)*	*(SERS-dei)*	*(FRAI-dei)*	*(SAT-er-dei)*	*(SAN-dei)*
Monday	**Tuesday**	**Wednesday**	**Thursday**	**Friday**	**Saturday**	**Sunday**
понедельник	вторник	среда	четверг	пятница	суббота	воскресенье

Что Вы знаете об английском календаре? Ответьте полными предложениями.

1. How many months are there in a year?

____

2. How many seasons are there in a year?

____

3. How many months are there in a season?

____

4. What month has 28 days?

____

5. How many days are there in December?

____

6. What months have 30 days?

____

Вставьте названия месяцев. (В английском языке названия месяцев и дней пишутся с большой буквы.)

1. The months in spring are ______________, ______________, and ______________.
2. The months in summer are ______________, ______________, and ______________.
3. The months in fall are ______________, ______________, and ______________.
4. The months in winter are ______________, ______________, and ______________.

ОТВЕТЫ

Календарь: 1. There are twelve months in a year. **2.** There are four seasons in a year. **3.** There are three months in a season. **4.** February has 28 days. **5.** There are 31 days in December. **6.** April, June, September, and November have 30 days.

Месяцы: 1. March, April, May **2.** June, July, August **3.** September, October, November **4.** December, January, February

Запишите времена года для следующих месяцев.

1. December, January, and February are the months of ______________.
2. March, April, and May are the months of ______________________.
3. June, July, and August are the months of ______________________.
4. September, October, and November are the months of _____________.

How Is the Weather?

Какая погода?

Описать погоду по-английски довольно просто при помощи выражения **It is** плюс имя прилагательное или глагол: На пример **It is hot, it is cold. It is raining.**

(SON-i)
The weather is fine. It is sunny.
Погода хорошая. Солнце светит.

(REIN-ing)
It is raining.
Идет дождь.

(kold)
It is cold.
Холодно.

It is snowing.
Идет снег.

(hat)
It is hot.
Жарко.

The weather is bad.
Погода плохая.

Попробуйте соединить описания погоды с соответсвующим месяцем.

(UIN-di)
Например: **It is windy in March. It is cool in October.**
ветренно прохладно

ОТВЕТЫ

1. winter **2.** spring **3.** summer **4.** fall

По-английски говорят во всём мире, поэтому почти любая погода встречается в любом месяце. Какая погода у вас?

1. In spring it is ______________________.
2. In August it is ______________________.
3. In March it is ______________________.
4. In winter it is ______________________.
5. It is ______________________ in the summer.
6. It is ______________________ in the winter.

Когда речь идет о качестве, слово **very** заменяет русское слово "очень": **It is very hot in Florida and very cold in Alaska.**

Но когда есть количество, русское слово "очень" заменяется словами **a lot of, lots of. There is a lot of rain today. There are lots of sunny days in the mountains of Vermont.**

Вставьте правильный вариант: **very, a lot of**

1. In summer it is ________________ hot.
2. In winter there is ________________ snow.
3. You need an umbrella when it is ________________ rainy.
4. You need an umbrella when there is ________________ rain.
5. Is it ________________ cold today?

Обратите внимание на следующий текст, где Вы встретите уже знакомые слова.

SALLY **What time is it?**

SUSAN **It is seven-thirty.**

SALLY **My goodness! Already? Is it a nice day?**
(ol-RE-di) — уже; nice day — красивый, хороший день

SUSAN **I don't know — why?**

ОТВЕТЫ

1. very **2.** a lot of **3.** very **4.** a lot of **5.** very

(bIch)

SALLY **Can we go to the beach? If it is sunny and the sky is clear,**
пляж

we can get a nice tan. Let's look for a bathing suit.
загораться искать/покупать купальник

SUSAN **Yes, I want to go to the beach, too.** *(She goes to the window and looks out.)*

My goodness! What a day! You know, the weather is very bad. It is snowing

(UIN-di)

and very cold and very windy.

(uid)

We'd better look for skis!
лыжи

Descriptive Words

Описательные слова

В русском слово "есть" **(to be)** часто не употребляется. В английском оно обязательно в большинстве случаев:

1. The girl is beautiful.
   Девушка красивая.

5. The mirror is dirty.
   Зеркало грязное.

(AG-li)

2. The man is ugly.
   Мужчина некрасивый.

6. The mirror is clean.
   Зеркало чистое.

(PLE-zent)

3. The boy is pleasant.
   Мальчик приятный/симпатичный.

7. The door is open.
   Дверь открыта.

4. The lady is unpleasant.
   Женщина неприятная/несимпатичная.

8. The door is closed.
   Дверь закрыта.

Выучите самые распространенные описательные слова:

tall, short высокий, короткий	**young, old** молодой, старый	**happy, sad, unhappy** веселый, грустный, невеселый	*(PRI-ti)* *(AG-li)* **pretty, handsome, ugly** красивая, красивый, некрасивый

(smol) *(LI-tel)*
big, small, little
большой, маленький

(gud)
good, bad
хороший, плохой

Вставьте правильное прилагательное.

1. The girl is not ugly. She is ______________________.
2. The door is not open. It is ______________________.
3. My son is not old. He is ______________________.
4. The baby is not big. He is ______________________.
5. The bus driver is not handsome. He is ______________________.
6. The Empire State Building is not short. It is ______________________.
7. His shirt is not clean. It is ______________________.

ОТВЕТЫ

1. beautiful, pretty **2.** closed **3.** young **4.** little **5.** ugly **6.** tall **7.** dirty

Послушайте как можно согласиться или возвражать описаниям Вашего характера или настроения. По-английски это выражается или **Yes, I am...,** или **No, I am not...**

1. Are you short?	Yes, I am short. No, I am not short.
2. Are you tall?	Yes, I am tall. No, I am not tall.
3. Are you young?	Yes, I am young. No, I am not young.
4. Are you pretty?	Yes, I am pretty. No, I am not pretty.
5. Are you handsome?	Yes, I am handsome. No, I am not handsome.
6. Are you sad when it rains?	Yes, I am sad. No, I am not sad.
7. Are you small?	Yes, I am small. No, I am not small.
8. Are you happy when the weather is nice?	Yes, I am happy. No, I am not happy.
9. Are you unhappy today?	Yes, I am unhappy. No, I am not unhappy.
10. Are you unpleasant?	Yes, I am unpleasant. No, I am not unpleasant.

В английском языке, имя прилагательное почти всегда предшествует имени существительному, которое оно определяет. Например: **a pretty girl, two tall boys, a happy face.**

Adjective Endings

Окончания имен прилагательных

Обратите внимание на то, что в английском имена прилагательные имеют ту же самую форму—в независимости от рода или числа имени существительного. Например:

The tall boy.	**The tall girl.**
The tall boys.	**The tall girls.**

Посмотрите как употребляются прилагательные в единственном и множественном числах. Имена прилагательные не меняют форму!!

Question Words

Вопросительные слова

Любой турист задает вопросы по-пути: кто, что, где, сколько стоит, и т.д. Повторите и выпишите главные английские вопросительные слова:

(ju)
Who? = Кто?

(uat)
What? = Что?

(uen)
When? = Когда?

(uer)
Where? = Где/куда?

(hau)
How? = Как?

(moch)
How much? = Сколько?

How many? = Сколько?

(uai)
Why? = Почему?

Вставьте нужное вопросительное слово.

1. ______________ does the train leave?

2. ______________ can't we go to San Francisco?

3. ______________ is that man?

ОТВЕТЫ

1. When **2.** Why **3.** Who

4. _______________ is in this box?
ящик

5. _______________ does this cost?

6. _______________ are you, Jane?

7. _______________ is the hotel?

Вы понимаете вопросы?

1. When does the plane for Los Angeles leave?
2. Where is the hotel?
3. How much does a round-trip ticket cost?
4. How many people fit in the car?
помещаються

THE WEATHER FORECAST

Прогноз погоды

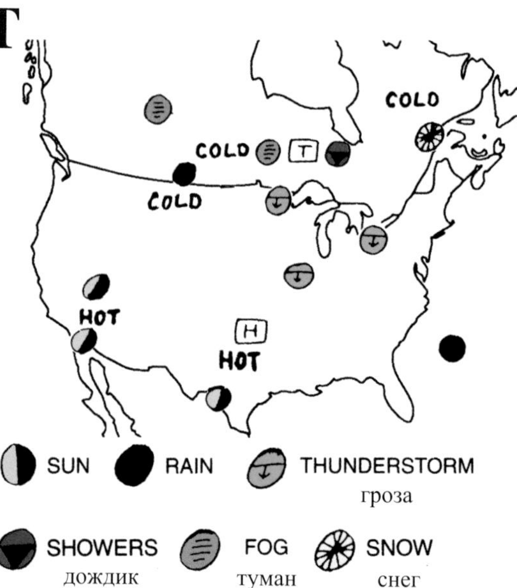

(UAN-der-ful)
Today is going to be a wonderful day in Chicago, with warm temperatures for this time of year.

(pos-si-BIL-iti) *(ZI-ro)*
The possibility of rain is zero.

(skai)
The sky will be clear, and it is not going to be very windy.

It's a perfect day to go to the beach and get a nice tan.

ОТВЕТЫ

4. What **5.** How much **6.** How **7.** Where

If Today Is Tuesday, I Should...

Если сегодня вторник, я должен

В английском, как и в других языках обязательно надо знать и понимать числительные, дни недели, месяцы и т.д. Иначе Вы попадете не туда и не тогда. Мы приготовили для Вас маленькое упражнение для повторения этих важных слов и выражений.

Маленькое слово **on** употребляется, когда мы говорим о дате или о дне, когда что-то происходит/происходило. Например: **I am going to the store on Monday.** Когда я родился? Мы употребляем **on: I was born on May 6th, 1957, on Monday.** Какое число выражается ординарным числом **the fifth of June, December thirty-first.**

Давайте сделаем упражнение. Но имейте ввиду одно исключение. Когда мы говорим о дне недели слово **on** иногда отсутствует. Есть два варианта: **I am going Monday/on Monday.**

Напишите курсивом выражения, которые Вы знаете.

We go to church on Sunday. ______________________________

____

My mother goes to the store on Saturday. ______________________________

____

I go to my grandmother's house on Wednesday. ______________________________

____

They go to the beach on Monday. ______________________________

____

1. What is today's date?

Today is the ______________ of ______________.

ОТВЕТЫ

1. число месяца

2. When is your birthday?

My birthday is the ____________________ of ____________________.

3. When is Christmas?

Christmas is the ____________________ of ____________________.

4. When is Easter this year?

This year Easter is ____.

5. When is Thanksgiving this year?

This year Thanksgiving is ____.

6. When is Independence Day in the United States?

It is the ____________________ of ____________________.

*Выражения **the sixth of June, June sixth** обозначают одно и тоже.

ОТВЕТЫ

2. день рождения **3.** twenty-fifth of December
4. March or April ____________ **5.** November ____________
6. Fourth of July

Какое слово не принадлежит к группе?

1. summer	beach	snow	warm
2. June	July	January	August
3. it rains	it snows	it is bad weather	it is sunny
4. Mexico	Spanish	French	German
5. Christmas	Thanksgiving	your birthday	Easter
6. fall	Monday	spring	summer

Сколько слов связано с погодой или календарем Вы можете найти?

C	T	L	O	T	M	R	O	A	S
O	U	B	A	Q	M	A	R	C	H
L	E	N	P	V	E	R	M	R	S
D	S	P	R	I	N	G	P	W	U
A	D	S	I	J	S	V	U	I	N
M	A	H	L	N	Q	E	S	N	N
C	Y	A	U	T	U	M	N	D	Y
S	U	T	F	O	R	J	L	Y	O

ОТВЕТЫ

1. snow **2.** January **3.** it is sunny **4.** Mexico **5.** your birthday **6.** Monday

Найденные слова: **1.** Tuesday **2.** autumn **3.** windy **4.** sunny **5.** March **6.** April **7.** spring

11 (pleinz) Planes and (TU-rizm) Tourism

Самолеты и туризм

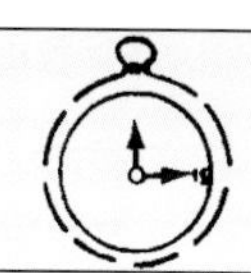

Выпишите следующие слова, которые Вы встречаете в аэропорту.

(ER-lain)
airline
авиалиния

(KOS-tomz) (AI-jent)
customs agent
таможник

(STU-er-des)
stewardess
стюардесса

ticket counter
регистрация

(geit)
gate
выход

escalator
эскалатор

(PAI-lot)
pilot
летчик

(trok)
truck
грузовик

Mr. Ivanov gets on the plane that goes (goz) to New York. He is taking a (TEI-king) (он едет в) **business (BIZ-nes) trip** (командировку). **He looks for a seat (sIt)** (место) **next to a window** (у окна) **and reads (rIds)** (читает) **his newspaper during (DU-ring) the flight** (во время). **There is another (e-NO-Zer)** (другой) **man seated (SI-ted) next to** (сидящий рядом) **him, and they talk a little during the flight.**

MR. IVANOV **Are you Russian?**

OTHER MAN **No, I am Ukrainian. I am on vacation. And you?**

Where do you come from?

MR. IVANOV **I'm from Moscow. I am taking a business trip to New York.**

PILOT'S VOICE **We are going to arrive in New York in five hours. The weather is very good there. The skies are clear and the temperature is 82 degrees.**
градус

Thank you, ladies and gentlemen.
дамы и господа

OTHER MAN **When do we arrive in New York?**

MR. IVANOV **At three-thirty in the afternoon, I hope.**

OTHER MAN **Why do you say "I hope"?**

MR. IVANOV **Because I am afraid of planes and heights.**
высоты

OTHER MAN **Are you kidding? Planes are very safe.**
безопасные

A VOICE **Good afternoon, ladies and gentlemen. This is your automatic pilot speaking.**
Добрый день

Our pilot is taking a little nap. Enjoy your flight.
Приятного полета.

На основе нашего текста ответьте на вопросы.

(kaind)

1. What kind of trip is Mr. Ivanov taking?
2. Where is Mr. Ivanov looking for a seat?
3. What does Mr. Ivanov read?
4. Where does the other man come from?
5. When are the passengers arriving in New York?
6. What is Mr. Ivanov afraid of?
7. Is the other man afraid?
8. Who talks at the end?

ОТВЕТЫ

1. He is taking a business trip.
2. He looks for a seat next to the window.
3. He reads the newspaper.
4. He comes from Ukraine.
5. They will arrive in five hours.
6. He is afraid of planes and heights.
7. No, he is not afraid.
8. The automatic pilot.

(plein)

The Plane

Самолет

	(flait)	*(a-TEN-dent)*
window	**flight**	**flight attendant**
окно	полет	бортпроводник

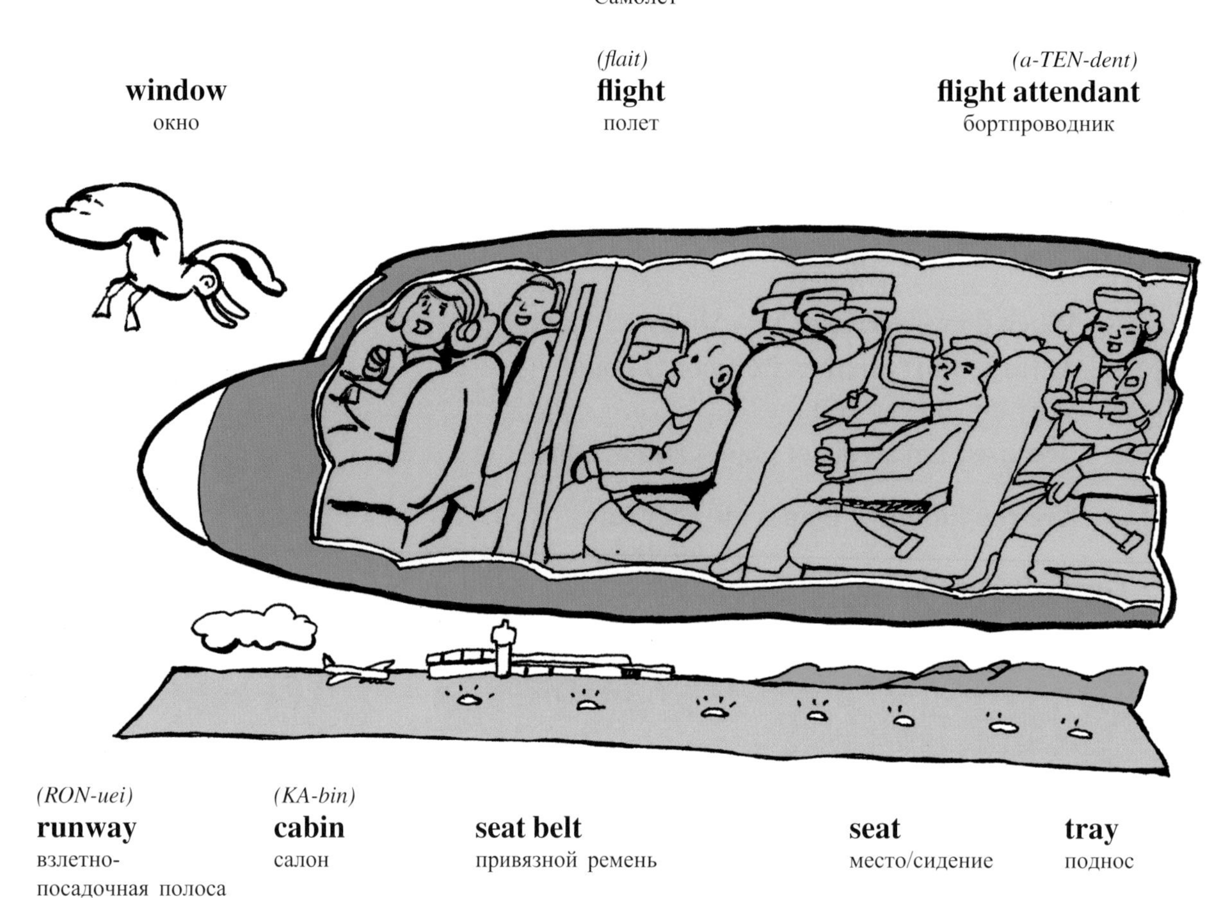

(RON-uei)	*(KA-bin)*			
runway	**cabin**	**seat belt**	**seat**	**tray**
взлетно-посадочная полоса	салон	привязной ремень	место/сидение	поднос

Посмотрите на вышенаписанные слова и вставьте правильные формы.

1. I want a ______________ on the aisle. *(ail)* у ряда
2. This is a ______________ to Canada.
3. The plane is on the ______________.
4. The seat has a ______________.
5. The stewardess is carrying a ______________. носить/нести
6. We look through the ______________. через

ОТВЕТЫ

1. seat **2.** flight **3.** runway **4.** seat belt **5.** tray **6.** window

Some Grammar

Немножко грамматики

В русском языке грамматическая функция слова определяется окончанием. Например, подлежащее (кто, что) находится в именительном падеже, прямое дополнение (кого, что) в винительном падеже, и порядок слов не меняет значение (Иван любит Машу. Машу любит Иван). В английском функция слова чаще всего зависит от места во фразе или в предложении. "Кто делает" находится перед глаголом. "Кого, что" находится после глагола.

Местоимение, которое в русском обычно перед глаголом, находится на месте существительного, которое оно заменяет.

The boy is buying a ticket.	**He buys it.**
Мальчик покупает билет.	Он его покупает.
The girl is reading a book.	**She reads it.**
Девочка читает книгу.	Она ее читает.

Косвенное дополнение "кому, чему" (дательный падеж) находится после глагола перед дополнением или употребляется с помощью слов **to** или **for.**

The man buys the woman a ticket.	**He buys it for the woman.**
Мужчина покупает женщине билет.	Он его покупает женщине.
He gives the woman the ticket.	**He gives her the ticket.**
Он дает женщине билет.	Он ей дает билет.

Местоимение в английском сохраняют падежные окончания, но они очень простые. Есть одна форма для дополнения (прямого, косвенного, и косвенного/предложного).

me	**us**
you	**you (pl.)**
her	
him	**them**
it	

Прочитайте наши примеры:

The boy looks at **the picture.** He looks at **it.**
The man buys **two tickets.** He buys **them.**
The lady greets **me.**
The boy greets **the girl.** He greets **her.**
The girl greets **the boy.** She greets **him.**
I love **you!**

Повторите предложения, употребляя местоимения.

Например: I follow the instructions. I follow them.

1. She drinks a soda. ________________________.
2. My father takes some photographs. ________________________.
3. I drive a car. ________________________.
4. We see Mary. ________________________.
5. Mary sees John. ________________________.

Не забудьте:

подлежащее (субъект) глагол (сказуемое) дополнение (объект)

Когда действие глагола переходит на Вас, Вы употребляете **me: The boy looks at me.** Если на меня и другого человека, тогда **us: The girl is looking at us.** Помните, что форма **you** употребляется и для одного человека и для группы людей: **We will see you in the morning.**

Ответьте на вопросы. Употребите формы местоимения: **(him, her, it, them).**

1. Are you looking for the hotel? ________________________.
2. Do you tell the truth? ________________________.
3. Do you buy tickets? ________________________.
4. Are you writing to Mary? ________________________.
5. Do you visit your brother? ________________________.
6. Do you buy magazines (журналы)? ________________________.

ОТВЕТЫ

1. She drinks it. **2.** My father takes them. **3.** I drive it. **4.** We see her. **5.** She sees him.

1. Yes, I am looking for it. **2.** Yes, I tell it. **3.** Yes, I buy them. **4.** Yes, I am writing to her. **5.** Yes, I visit him. **6.** Yes, I buy them.

7. Do you want your dinner now? ________________________.

8. Would you like this seat? ________________________.

(tur)

A Tour Around New York City

Экскурсия по городу Нью Йорк

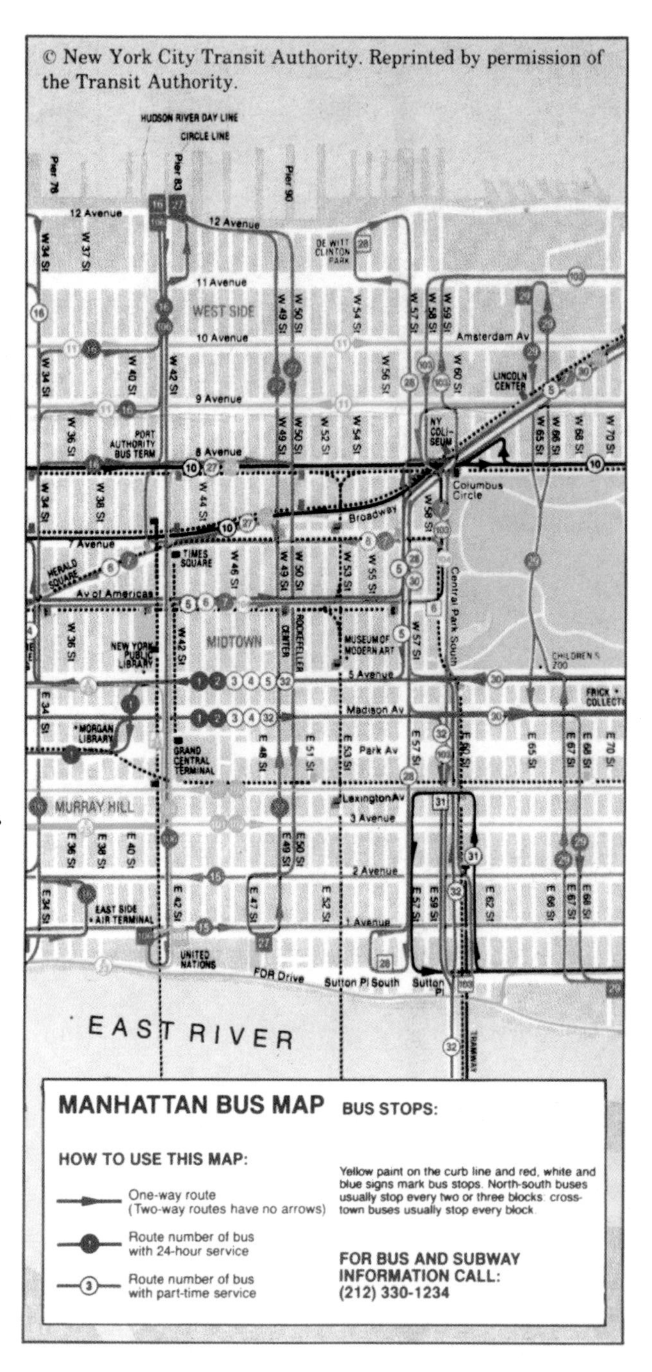

(gaid)

GUIDE **Good afternoon, ladies and gentlemen.** (дамы и господа)

Are you *(RE-di)* ready? Let's begin our tour. (готовы; начинать)

(Туристы входят и садятся в автобус.)

MR. IVANOV (говорит даме рядом с ним) **This is the first time** (первый раз) **that I am in New York City. I want to get to know** (знакомиться) **this city well during** (во время) **my two-week vacation here.**

ОТВЕТЫ

7. Yes, I want it now. 8. Yes, I would like it.

LADY **You can see here on your right the Metropolitan Museum of Art, which has some**
справа

of the world's best paintings.
наилучшие картины

MR. IVANOV **I like van Gogh.**

LADY **I am certain the Metropolitan has many of van Gogh's paintings.**

(ueit)
MR. IVANOV **I can't wait to see them.**

LADY **Now we are passing by Central Park, the most popular park in New York City.**
парк

MR. IVANOV **It is not like Gorky Park in Moscow.**
парк имени Горького в Москве

(FAUN-ten) *(FEI-mos)*
LADY **The beautiful statue in the fountain is *Abundance*. And in front we see the famous Plaza Hotel.**
фонтан видим

MR. IVANOV **Where are we going now?**

(SI-port) *(CHAI-na-taun)*
LADY **Downtown to the South Street Seaport and Chinatown. We are going to have a**

(uain) *(pleis)*
glass of wine in a nice place with a fantastic view of the harbor.
порт/гавань

MR. IVANOV **Madam, how do you know so much?**
знаете так много

LADY **Because I am the guide's wife!**

Выберите правильный ответ из слов в скобках.

1. What is the Metropolitan? (an art museum, a church, a station)
2. What is the Plaza? (a park, a hotel, a theater)
3. What is the name of a statue in Central Park? (Central, Columbus, Abundance)
4. Where is the South Street Seaport? (midtown (центр), downtown, uptown)
5. What are we going to have at a nice place? (water, wine, beer)

ОТВЕТЫ

1. an art museum **2.** a hotel **3.** Abundance **4.** downtown **5.** wine

Замените дополнение правильной формой **it** или **them.** Обратите внимание на порядок слов в английском предложении. Потом переведите с английского на русский.

1. We look at (the pictures) ____________________________ in the museum.
2. My father pays for (tickets) ____________________________ at the box office.
3. I understand (the schedule) ____________________________.
4. I read (the newspaper) ____________________________ in the morning.
   газета утром
5. We eat (fruit) ____________________________ in the hotel room.
6. We drink (soda) ____________________________ in the cafeteria.

No Smoking

Не Курить

В последнее время, особенно в США, курить воспрещается в общественных местах, в магазинах, в аэропортах, на вокзалах, в ресторанах. Даже в гостиницах есть специальные номера для некурящих и курящих.

Если Вы без курения не можете жить, спросите:

Do you mind if I smoke? Is smoking permitted?

ОТВЕТЫ

It/them:

1. them/ Мы смотрим на них в музее. **2.** them/ Мой папа платит за них в кассе.
3. it/ Я его понимаю. **4.** it/ Я ее читаю утром.
5. it ["fruit" is singular] / Мы их (фрукты) едим в номере. **6.** it/ Мы его пьем в столовой.

(en-ter-TEIN-ment)

ENTERTAINMENT

Развлечение

12 The Theater and Holidays

(SI-e-ter)

Театр и праздники

Виктор и Наташа, уже не молодая пара из Новгорода, первый раз в Нью Йорке. Они очень любят театр и решили говорить в Америке только по-английски.

THE THEATER

VIKTOR **Shall we go to the theater tonight? I am bored here in the hotel.**
(shal) *(bord)*
пойдем в театр / Мне скучно

NATASHA **Why not? At the Shubert Theater they are presenting *The King and I*.**
Почему нет? / ставят

VIKTOR **Fantastic! That is a great idea!**
(greit) (ai-DIA)
замечательная идея

NATASHA **Do we know enough English to understand the play?**
(i-NOF) *(plei)*
достаточно хорошо / пьеса

VIKTOR **Of course!**
(cors)
Конечно

NATASHA **If I don't understand it, I am going to be bored.**
(bord)
Мне будет скучно.

VIKTOR **Then you can sleep a little.**
(slIp)
тогда / поспать

(Наташа обдумывает, а потом передумывает.)

NATASHA **I don't want to go. I don't want to see that play.**

VIKTOR **But why, darling?**

(sInz)
NATASHA **The scenes at the end are very sad.**
сцены печальный/грустный

VIKTOR **So what?**

(krai) *(MU-vis)* *(bir)*
NATASHA **Well, I don't want to cry! Let's go to the movies or let's go have a beer.**
плакать в кино выпьем пиво

More Useful Words

Новые полезные слова

to sleep
спать

to see
видеть

Повторите и выпишите некоторые нужные слова:

(uach)
to watch a play
смотреть пьесу

to see a play
видеть пьесу

to go to a play
идти

to look at the sights
смотреть достопримечательности

(sam)
to get some rest
отдыхать

to take a nap
поспать

(IV-ning)
to go out in the evening
выйти вечером

to spend the day
проводить день

Watch out!
Осторожно!

Did you have a good time?
Вам было весело/хорошо?

Послушайте наш текст еще раз, и потом вставьте слова.

1. Do we know ______________ English to ______________ the play?
2. If I don't understand it, I am going to be ______________.
3. The scenes at the end are very ______________.

(HA-li-deiz)
Holidays
Праздники

VIKTOR **American holidays are very interesting,**

(DIF-rent)
but they are very different

from Russian customs. Of course,
от русских обычаев

(nu) (yirs) (Iv)
New Year's Eve is an international
канун Нового года

holiday and in New York many

(taims) (skuer)
people go to Times Square in the

(bi-FOR)
center of New York a little before

(MID-nait) (klak) (straiks)
midnight. When the big clock strikes
полночь часы

midnight, people kiss each other and they
целовать

(uish)
wish everyone a "Happy New Year!"
каждый "с Новым годом"

ОТВЕТЫ

1. enough, understand 2. bored 3. sad

NATASHA **Also, Easter is very interesting. Everyone goes out or they have a family reunion at home. Many people prefer to see the famous Easter Parade along Fifth Avenue.**

(I-ster) Easter — Пасха; goes out — идут куда-то; family — в семье; Parade — парад; Fifth Avenue — Пятая Авеню

VIKTOR **They say that it is a very colorful parade because many women wear very attractive hats.**

They say — говорят; colorful — разноцветный; wear — носить; hats — шляпки

NATASHA **Another famous American holiday is the Fourth of July, when people celebrate the American Independence of 1776. On this day there is no work and everyone has a picnic or a barbecue and then they watch fireworks.**

(BAR-be-ku) barbecue; *(uach)* watch; *(FAI-er-uerks)* fireworks

VIKTOR **Many even believe that the national holiday in the United States is "Super Bowl Sunday"** (американский футбол), **the last Sunday in January. The two best football teams play a game. The winner is the champion for the year.**

(ME-ni) Many; *(bol)* Bowl; teams — команды; champion — чемпион

NATASHA **But I feel like celebrating Thanksgiving.**

Thanksgiving — День Благодарения

VIKTOR **Of course! Because you are always hungry!**

В Америке много праздников. Вставьте названия самых известных.

1. ______________________

2. ______________________

3. ______________________

4. ______________________

Помните местоимение различаются в падежах.

Subject	**Object**
I	**me**
you	**you**
he	**him**
she	**her**
it	**it**
we	**us**
you	**you**
they	**them**

Вставьте правильные формы.

1. **They look at** us. (нас)
   смотреть
2. **I see ________.** (ее)
3. **We love ________.** (их)
   любить
4. *(KE-ches)*
   The policeman catches ________. (меня)
   полицейский
5. **They look for ________.** (их)

ОТВЕТЫ

Holidays: 1. New Year's Eve **2.** Easter
3. Fourth of July **4.** Christmas
Fill in the blanks: 2. her **3.** them **4.** me **5.** them

6. **We take _______________ to the party.** (его)

7. **I need _______________.** (их)

8. **They wait for _______________.** (нас)

9. **My father does not understand _______________.** (меня)

10. **They don't understand _______________.** (его)

Мы потеряли несколько букв. Вы можете их вставить?

1. I don't want to see a p _ _ _ d _. *(парад)*
2. Shall we go to the t _ e _ t _ r? *(театр)*
3. What is your favorite h _ l _ d _ y? *(праздник)*

ОТВЕТЫ

6. him **7.** them **8.** us **9.** me **10.** it, him **Missing letters: 1.** parade **2.** theater **3.** holiday

(HAI-king) (RON-ing) (JOG-ing)

HIKING, RUNNING, AND JOGGING

Ходить в походы и бегать

Ирина в хорошей форме. Она каждое утро бегает. Иногда с ней бегают муж и дети. Сегодня утром к ней подходит корреспондент, который пишет статью о спорте.

REPORTER **Mrs. Ivanova?**

MRS. IVANOVA **Yes, that's me.**

(PI-ter)
REPORTER **I am Peter Moloney, for *Sports Illustrated* magazine.**
Спорт иллюстрированный журнал

(IN-ter-viu)
MRS. IVANOVA **Do you want an interview?**
интервью

REPORTER **Exactly.**
Конечо (точно).

MRS. IVANOVA **About what?**
о чем

(*laif*)

REPORTER **Can you talk a little about your life as an athlete? About jogging and hiking through the countryside?**

(*EN-er-ji*)

MRS. IVANOVA **Of course, if you have enough energy to run five miles more.**
достаточно еще

REPORTER **I want to write an article about you.**
статья

MRS. IVANOVA **I play many sports. I jog and take walks through the country**

(*baik*) (*suim*)

and through parks. I also ride a bike and I know how to swim very well.
езжу на велосипеде умею плавать

I am the perfect athlete! Many others only jog. I don't. Running is good
только бег

(*helS*)

for your health and it doesn't cost much money. A person buys a pair of
для вашего здоровья деньги пара

(*shuz*)

running shoes and a jogging suit and that's it!
спортивный костюм и все

to jog
бегать

sweatshirt
фуфайка

running shoes
кроссовки

REPORTER **Do you take hikes through the countryside?**
походы

(*MAUN-tenz*)

MRS. IVANOVA **Yes, and also in the mountains.**
горы

REPORTER **And what does a person need for this sport?**

MRS. IVANOVA **A backpack, comfortable boots, and especially a pair of strong legs. Also, it is good to take a sleeping bag, a canteen, and some cooking utensils.**

(BEK-pek) рюкзак; *(buts)* удобные сапоги; *(es-PE-sha-li)*; крепкие; ноги; спальный мешок; *(kan-TIN)* фляга; *(KU-king) (yu-TEN-sils)* посуда

REPORTER *(явно уставший и с трудом)* **Mrs. Ivanova, aren't you very tired? You are very healthy. How old are you?**

Сколько вам лет?

MRS. IVANOVA **I am ninety-eight years old.**

(yirz) мне 98 лет

REPORTER **What?! I don't believe it!**

(bi-LIV) Я не верю.

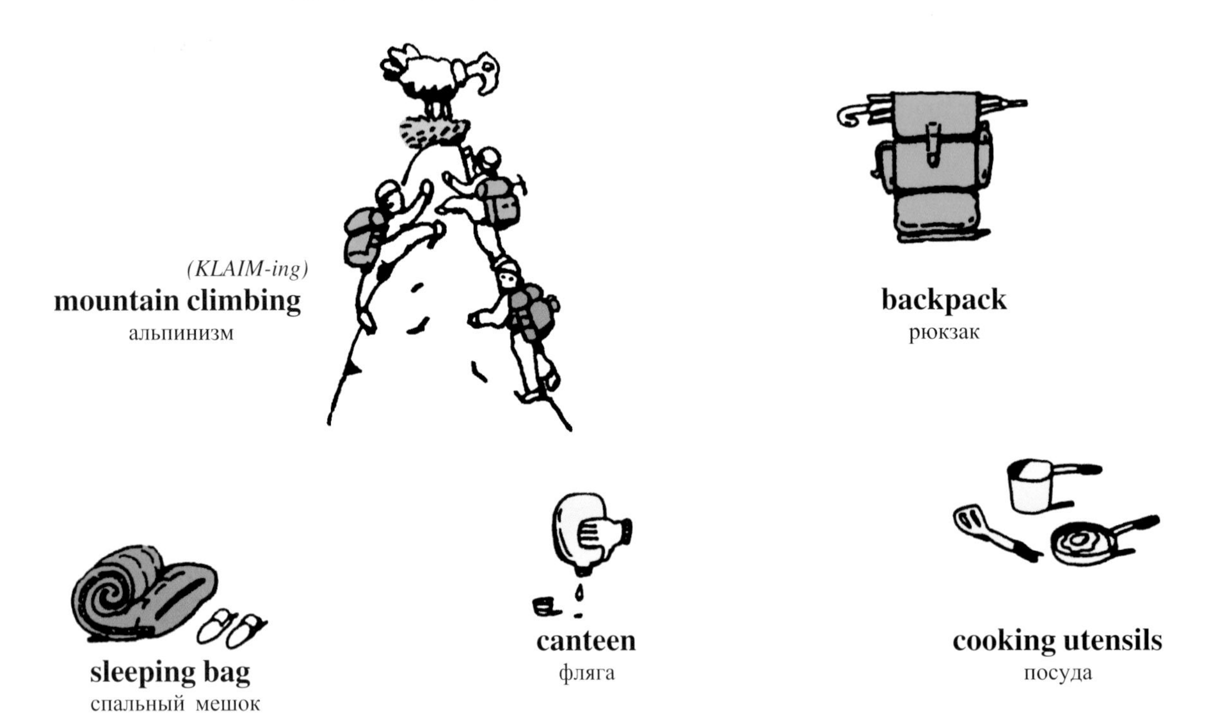

(KLAIM-ing)
mountain climbing
альпинизм

backpack
рюкзак

sleeping bag
спальный мешок

canteen
фляга

cooking utensils
посуда

Remember

В нашем диалоге опять встречаемся с глаголом **to be: to be...years old** (сколько лет). Найдите ответ в конце разговора. Теперь спросите "Сколько вам лет?" и ответьте сами на Ваш вопрос: "Мне...лет". **(I am...years old.)**

Представьте себе, что Вы работаете корреспондентом. Запишите свой вопрос и ответ Вашего собеседника.

___

Ответьте на вопросы.

How old are you now?

How old are you going to be in five years?

How old are you going to be in ten years?

Do you like sports?

Do you know how to swim?

Do you jog?

Do you ride a bike?

Do you hike through the countryside?

Are you healthy?

Если Вы хотите знать, как называется по-английски какой-то предмет, можно пользоваться пальцем и сказать маленькое слово **this. What is this?** (Что это?)

1. What is this?

   It is a __________________.

2. What is this?

   It is a __________________.

3. What is this?

   It is a __________________.

4. What is this?

   It is a __________________.

5. What is this?

   It is a __________________.

ОТВЕТЫ

1. sweatshirt **2.** sleeping bag **3.** backpack **4.** cooking utensil **5.** canteen

(BAI-si-kling) *(SUIM-ing)*

BICYCLING AND SWIMMING

На велосипеде плавание

motorbike
мопед

(Продолжается интервью с госпожой Ивановой).

REPORTER **And riding a bike is another one**

(HOB-iz)

of your hobbies?

(SAI-klist)

MRS. IVANOVA **I am not a cyclist, but there are many American cyclists. If a person doesn't have a car, or if he has one but doesn't have enough money to buy gas, a bike is a**

(minz)

good means of transportation. In the big cities, people who ride bikes or motorbikes
вид транспорта в больших городах

(I-si-li)

travel easily through the traffic. On the hills you* have to push a bike, but not a motorbike.
толкать мопед

(ob-ser-VEI-shen)

REPORTER **A very sharp observation!**
тонкое наблюдение

(po-LU-shon)

MRS. IVANOVA **But there is too much pollution because of the traffic in the big cities. No,**
загрязнение

motorbikes are a bad means of transportation—and swimming is more healthy.
более

(tranks)

Swimming is a sport that costs very little. You buy bathing trunks—
плавки

(GAG-elz)

personally I wear a bathing suit—and goggles and that's it!
купальник очки

(BREST-strok) *(kraul)*

Some swimmers only know the breaststroke; others use the crawl.
Некотые плавающие брасс кроль

(FRANK-li) *(BEK-strok)*

Frankly, I am a master at the backstroke.
откровенно говоря мастер плавания на спине

*Замечание: В английском **you** иногда употребляется для неизвестного лица, как в русском выражении: "Что поделаешь"?

REPORTER **What a great athlete!**

MRS. IVANOVA **I think so!** (Я так думаю.) **As you can see, I am wearing** (я ношу) **a gold medal on my bathing suit. It means** (значит) **that I can swim for thirty minutes under** *(ON-der)* **the water** *(UA-ter)* (под водой) **without** (без) **breathing.** (дыхания)

to push
толкать

goggles
очки

bathing trunks
плавки

to swim
плавать

breaststroke
брасс

crawl
кроль

backstroke
плавание на спине

REPORTER **Mrs. Ivanova, you are a great athlete and a great woman.**

MRS. IVANOVA **I am also a great singer!** *(SIN-ger)*

Теперь ответьте на следующие вопросы о себе.

Do you know how to ride a bike? Is bicycling one of your hobbies? Do you know how to swim? Where do you swim—in a pool (бассейн) or in the ocean (океан)? What do you wear to go swimming?

Remember

Помните, что имя прилагательное обычно предшествует имени существительному и имеет ту же форму в единственном и во множественном числе: **big city, big cities; great athlete, great athletes.**

Ответьте на вопросы!

1. Does Mrs. Ivanova ride a bike?

____

2. Does she like to swim?

____

3. How long can she swim underwater?

____

4. Who is a great singer?

____

Вставьте правильные ответы.

1. Who is this person?

He is a __________________.

2. What are these?

They are __________________.

3. What stroke is this swimmer doing?

She is doing the _____________.

4. What stroke is this swimmer doing?

She is doing the _____________.

5. And what stroke does this swimmer do?

She does the _____________________.

ОТВЕТЫ

1. No, Mrs. Ivanova doesn't ride a bike. **2.** Yes, she likes to swim. **3.** She can swim underwater for thirty minutes. **4.** Mrs. Ivanova is a great singer.

1. cyclist **2.** goggles **3.** breaststroke **4.** crawl **5.** backstroke

Will You Give Me?

Вы мне дадите?

Вы наверно заметили, что в английском можно сказать **He gives John a ticket. She gives the ticket to Jane.** То, что выражается дательным падежом без предлога в русском, имеет два варианта в английском.

Обратите внимание на порядок слов. Так называемое косвенное подлежащее **(кому)** без предлога находится между глаголом и подлежащим. Когда косвенное подлежащее находится после подлежащего, косвенное подлежащее плюс предлог **to** находится в конце предложения.

Вы также заметили, что имя существительное как подлежащее не меняет окончания. Но местоимения имеют другие формы как подлежащее—или прямое или косвенное без предлога и с предлогом.

Косвенное подлежащее	
ед. ч.	мн. ч.
me-мне	us-нам
you-тебе	you-вам
her-ей/ней	
him-ему/нему	them-им/ним
it-ему/нему	

Теперь посмотрим на наши предложения с местоименами. Например:

He gives her a ticket.

She gives the ticket to him.

В следующих предложениях найдите правильную форму местоимения.

1. They give (him, he, his) a check.
2. The boss sends a letter to (them, they, their).
3. I show (her, she, hers) the picture.
4. We tell (them, they, their) the truth.
5. They return our suitcases to (we, our, us).

TO ME, TO YOU, TO HIM

ОТВЕТЫ

1. him **2.** them **3.** her **4.** them **5.** us

Вставьте правильную форму косвенного подлежащего. Обратите внимание на английские глаголы, которые требуют косвенного подлежащего.

1. They sell ______________ a newspaper. (мне)

2. The bellboy returns the suitcases ______________. (им)

3. I give ______________ the baggage check. (ему)

4. She speaks ______________. (нам)

5. Her family writes ______________. (ей)

6. Her son doesn't tell ______________ the truth. (вам или им)
   говорит

7. The boss pays ______________ the money. (нам)
   шеф/начальник

8. The boss speaks ______________. (мне)

9. His father reads ______________ the article. (тебе)
   читает

10. The passenger tells ______________ the time. (мне)

ОТВЕТЫ

1. me **2.** to them **3.** him **4.** to us **5.** to her **6.** you or them **7.** us **8.** to me **9.** you **10.** me

LET'S ORDER SOME FOOD

Давайте закажем обед

14 Breakfast Lunch/Dinner Supper

завтрак ланч/обед ужин

I like to eat
Я люблю

(DAI-et)
I will start a diet tomorrow.

or

I will go on a diet tomorrow.
завтра

Как я люблю...

В русском языке отличаются формы "мне нравится" и "я люблю".

Мне **нравится** мороженое. Я **люблю** есть мороженое.
Я **люблю** Нину. Иван мне **нравится.**

В английском языке тоже есть два глагола **like** и **love.** Но слово **love** в английском часто употребляется для подчеркивания сильного чувства (даже когда говорят о мороженом). И **like** и **love** употребляются с инфинитивом.

John **likes** Mary, but Mary **loves** John.
They both **like** to sit in cafes and **love** to eat ice cream.
I **like** to watch TV in the evening.
I **love** to read Russian novels.

Отрицательная форма образуется в разговоре при помощи **don't/doesn't.**

I like ice cream.

(VEJ-te-belz)
I don't like vegetables.
овощи

You like carrots.
морковь

(PRI-ti)
She likes pretty dresses.

(BEIS-bol)
He likes baseball.

(TI-cher)
We like the teacher.
преподаватель

They like the professors.

Вставьте правильную форму:

Yes, I like ________________. **No, I don't like ________________.**

1. I ________________ planes.
2. He _______________ parties.
3. You ______________ swimming.
4. They ________________ museums.
5. She __________________ to run.
6. We __________________ Peter.

Giving Orders

Повелительное наклонение

Повелительное наклонение в английском образуется с инфинитивом глагола без личного местоимения. Глагол (сказуемое) обычно находится в начале предложения.

Be careful!

Speak more slowly, please.

Bring me some bacon and eggs, please.

ОТВЕТЫ

1. like (don't like) **2.** likes (doesn't like) **3.** like (don't like) **4.** like (don't like)
5. likes (doesn't like) **6.** like (don't like)

Remember

Запомните

Английский язык характеризуется большой вежливостью. "Я бы хотел" можно выразить так: **I would like ________________.** Не забудьте при просьбе сказать **please** и **thank you.** Когда Вам говорят **thank you,** ответьте **you're welcome.**

(UANT) **TO WANT** = ХОТЕТЬ	
I want	**we want**
you want	**you want**
he wants	
she wants	**they want**
it wants	

Заполните формы глагола **to want.**

1. We ________________ a room with bath.
2. He ________________ to buy a newspaper.
3. I __________________ to walk along the street.
   ходить по улице
4. She ________________ to take the bus.
5. Mark ______________ to go to the museum.

Ответьте на вопросы.

Do you want a soda?

Do you want to study English?

Do you like sodas?

Do you like to study?

ОТВЕТЫ

1. want **2.** wants **3.** want **4.** wants **5.** wants

На завтрак в ресторане американцы любят полный и плотный завтрак, **juice** (сок-апельсиновый), **bacon or sausages and eggs** (бекон или сосиски и яйца), **potatoes** (картошка), **cereal, bread, or rolls** (каша-корнфлейкс, хлеб или булочки), **pancakes** (блины), **waffles** (горячие вафли).

Но если Вы спешите, можно просто заказать **toast and coffee** (жареный хлеб и кофе).

(BREK-fest)

BREAKFAST

Завтрак

(in-eks-PEN-siv) (RES-te-rant)
An inexpensive restaurant
дешевый/не дорогой

PAUL **When do you like to have breakfast?**
завтракать

JEAN **At eight o'clock.**

(pri-FER)
PAUL **I prefer to have breakfast at a quarter to eight.**

(blek) (KO-fi)
JEAN **Do you like coffee with milk or black coffee?**
кофе с молоком — черный кофе

(OL-ueiz)
PAUL **I don't like coffee. I prefer tea. My mother always serves it.**
чай; подавать

(jem) (tost)
JEAN **Do you have jam and butter with your toast?**
жареный хлеб

(NI-Zer) (suit)
PAUL **Neither one! I don't like toast. My family serves sweet rolls.**
сладкие булочки

(O-renj) (jus)
JEAN **And orange juice? Do you like it?**
апельсиновый сок

PAUL **No, I don't like it. I prefer to have tomato juice.**
томатный сок

JEAN **Darn it! How are we going to travel together?**
Черт возьми! — вместе

Повторите и вставьте новые выражения.

Coffee with cream or milk

____

(tI)
Tea

____

Jam

____

Butter

____

Toast ______________________

Orange juice ______________________

Sweet rolls ______________________

Tomato juice ______________________

Вставьте правильные слова или выражения. Повторите для практики эти предложения.

1. Do you ______________________ to have breakfast at six o'clock in the morning?
2. I don't ______________________ coffee with ______________________.
3. We like ______________________ with butter.
4. Paul doesn't ______________________ orange juice; he likes ______________________.

Вставьте слова для типичного американского завтрака.

1. Two hot drinks are: ______________________ and ______________________.
   горячие напитки
2. Two juices are: ______________________ and ______________________.
3. Two kinds of bread are: ______________________ and ______________________.
   (kainds) *(bred)*
   сорт хлеб
4. Two things we put on bread are: ______________________ and ______________________.

ОТВЕТЫ

Разговор **1.** like **2.** like, milk **3.** toast **4.** like, tomato juice

1. coffee, tea **2.** orange, tomato **3.** toast, sweet rolls **4.** jam, butter

Повторите диалог между Паулом и Джин. Продолжите разговор и вставьте ответы.

1. At what time do you like to have breakfast?

____

2. What do you prefer, coffee with milk, black coffee, or tea?

____

3. Do you prefer orange juice or tomato juice?

____

4. What do you have on your toast?

____

(TEI-bel)

The Table

стол

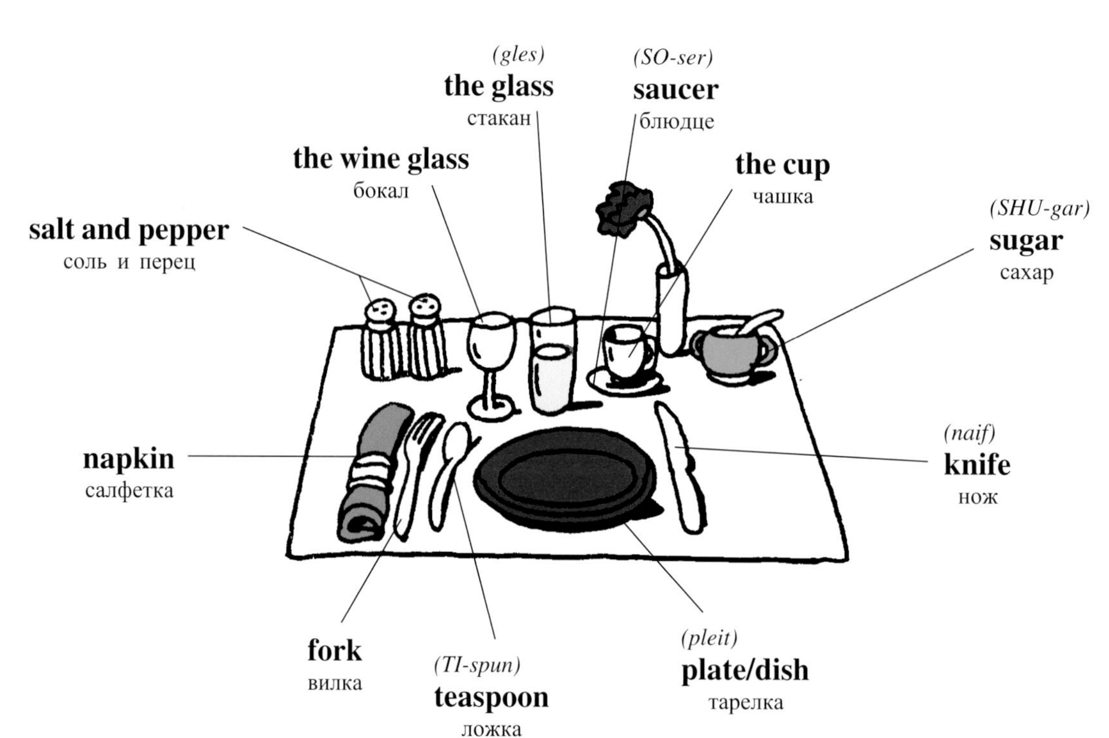

ОТВЕТЫ

1. I like to have breakfast at __________ o'clock. **2.** I prefer __________.
3. I prefer __________. **4.** I like to have __________ on my toast.

В США, в отличие от европейцев, некоторые американцы берут нож в правую руку и вилку в левую руку, чтобы резать мясо. Потом они кладут нож на тарелку, берут вилку в правую руку, чтобы есть правой рукой.

Соедините слова в обеих колонках.

1. **to cut** (резать)	A. **saucer**
2. **cup**	B. **glass**
3. **orange juice**	C. **knife**
4. **sugar**	D. **to eat**
5. **fork**	E. **coffee with milk**
6. **butter**	F. **toast**

ОТВЕТЫ

1. knife **2.** saucer **3.** glass **4.** coffee with milk
5. to eat **6.** toast

DINNER

Обед

Обедаем мы в ресторане обычно вечером или по праздникам или выходным дням. Обратите внимание на порядок английского/американского обеда.

(ap-e-TAI-zers)	*(sup)*	*(SAL-ed)*		*(VEJ-te-bels)*			
appetizers	**soup**	**salad**	**main course**	**(vegetables**	**fish**	**meat)**	**dessert**
закуски	суп	салат	блюдо (главное)	овощи	рыба	мясо	сладкое

Ответьте на вопросы, имея ввиду амерканский-английский обед.

1. What is the first course (блюдо) for dinner?

____

2. What course do you like the most?

____

ОТВЕТЫ

1. The first course for dinner is the appetizer. **2.** I like ____________ the most.

3. What do you drink out of a glass?

____

4. What do you cut with a knife?

____

5. What do you drink out of a cup?

____

6. What course do we have before (до) dessert?

____

7. What is the name of the last course?

____

8. Do you prefer fish or meat?

____

What do they have to drink?

Что мы будем пить?

soda/soft drinks мягкие напитки	**water** вода	**milk** молоко
coffee кофе		**tea** чай
beer пиво	**wine** вино	**a cocktail** коктейль

ОТВЕТЫ

3. I drink ________ out of a glass. **4.** I cut my ________ with a knife. **5.** I drink ________ out of a cup. **6.** We have the main course before dessert. **7.** The last course is dessert. **8.** I prefer ________.

LUNCH

Ланч

In the United States, lunch is usually served between 12 and 2 P.M. Americans often have dinner at about 5:30 or 6 o'clock, but many tourists are not hungry at that time. Are you hungry before 7 o'clock? Do you like to have dinner early? Is it possible to have a snack (snek) **in the afternoon** (ef-ter-NUN)**? If you are hungry, you can have coffee and a piece** (pIs) (кусок) **of pie** (pai) (пирога)**. Generally, dinner is the most important meal because people don't go home for lunch, and they have to work after lunch. A heavy** (HE-vi) **meal** (тяжелый/плотный обед) **would** (uod) **make** (meik) **them sleepy** (SLI-pi) (заспанный)**. Dinner is usually soup, salad, fish, meat, or pasta, and dessert. If you are thirsty** (хочется пить)**, you can have a soda.**

Запишите возможное время дня для завтрака, обеда, ланча, и т.д. Американцы едят в разное время в зависимости от работы и режима дня семьи.
(Нет единого правильного ответа).

breakfast (утром) ____________________

lunch (около полудня) ____________________

afternoon snack (во второй половине дня) ____________________

dinner/supper (вечером) ____________________

Ответьте **True** или **False** на следующие вопросы.

1. In the United States they serve dinner at 9:00 P.M. ________________.

2. If I am hungry, I drink water. ________________.

3. It is possible to have a snack between lunch and dinner. ________________.

4. If I am hungry, I eat a sandwich. ________________.

5. Lunch is the most important meal in the United States. ________________.

Вставьте те буквы, которые потерялись в суматохе.

6. I prefer to eat a san _ _ ich for lu _ _ _ .

7. They have a sn _ _ _ between lunch and dinner.

8. The last c _ _ _ se is the de _ _ e _ _ .

ОТВЕТЫ

1. False **2.** False **3.** True **4.** True **5.** False

6. sandwich, lunch **7.** snack **8.** course, dessert

15	*(RES-to-rants)* **Restaurants** Рестораны *(TI-ping)* **and Tipping** и чаевые

15 Restaurants and Tipping

(RES-to-rants) Restaurants — Рестораны

(TI-ping) and Tipping — и чаевые

The customer asks for a delicious meal.

The waiter brings him официант приносит **the food on a tray.**

To Bring, To Take

(brIng) *(teik)*

приносить, брать (уносить)

В английском языке употребление слов **bring** и **take** зависит от места нахождения говорящего. Официант приносит **brings** мне, но берет-уносит **takes** от меня.

Bring and Take
Waiter, please bring me a cup of coffee. Молодой человек, принесите мне, пожалуйста, чашку кофе. **Miss, you may take my plate away.** Девушка, можно взять (унести) мою тарелку.

The Menu

Иван и Борис решили пообедать в хорошем Нью-Йорском ресторане. Метрдотель посадил их за стол и к ним подходит молодой официант с меню. Они заказывают обед.

WAITER **Gentlemen, what would you like to order?**
будете заказывать

(rost) (CHI-ken)
Our specialty is roast chicken.

IVAN **Will you please bring us an appetizer first ...**

(DE-vild)
deviled eggs, no fish.

And then, two noodle soups.

BORIS **Then we will have two**

(LET-os)
lettuce and tomato salads.

And will you please bring a little bit of bread?

WAITER **I will bring the bread and also**
я принесу

vinegar and oil for the salads

right away.
сейчас

BORIS **Can you bring two orders**

(grIn) (bInz)
of green beans? Then I will have
стручковая фасоль

roast chicken
жареная курица

____

fish
рыба

____

deviled eggs
фаршированные яйца

____

noodle soup
суп с лапшой

____

lettuce and tomato salad
салат из зеленого салата и помидоров

____

bread
хлеб

____

oil and vinegar
масло и уксус

____

(beiked) (traut)
baked trout
печеная форель

IVAN **For me only meat. Half**

a roast chicken with rice.
рис

BORIS **I will also have a veal chop**
из телятины

with french fries. And

please also bring a bottle
бутылка

of the house red wine.
фирменное красное вино

WAITER **And for dessert? Apple pie?**
на сладкое яблочный пирог

Ice cream? Cake?
мороженое торт

IVAN **We don't like sweets.**
сладости

We would like a little bit of
маленький кусочек

cheese. And later bring

two coffees and two brandies.

fish
рыба

sirloin steak
бифштекс

french fries
картофель-фри

grapes
виноград

cheese
сыр

brandy
коньяк

coffee
кофе

Вставьте выше новые слова для Вашего обеда по-английски.

How do you feel?
(fIl)
себя чувствуете

Sometimes you feel fine, but unfortunately, sometimes you feel sick.
хорошо — вам плохо

In English, you can say either "I feel fine (or well)" or "I am fine."

(eks-PRE-shens)
These expressions are not exactly the same in English as in Russian.
выражения — как

If you ever eat too much when you are in a restaurant,

you may want to go to the restroom. On the doors of the

restrooms there will be signs saying Men or Gentlemen
мужчины или господа

and Women or Ladies.
женщины или дамы

RESTROOMS
туалеты

(Обратите внимание. В английском языке слово **feel** употребляется иногда вместе слова **is/are). She feels pretty in that dress. I feel proud of my children.**

Переведите на английский.

Вы чувствуете себя хорошо сегодня?

____

Вам весело сейчас?

____

Вам грустно, когда идет дождь?

____

Вы устаете в конце дня?

____

ОТВЕТЫ

Do you feel well today? Do you feel (Are you) happy now? Do you feel (Are you) sad when it rains? Do you feel (Are you) tired at the end of the day?

Запишите номер, который определяет в какой группе находятся слова после пропуска.

1) appetizers 2) soup 3) salad 4) vegetables
5) fish 6) meat 7) dessert 8) drinks

1. _____ cheese
2. _____ tomato
3. _____ roast chicken
4. _____ veal steak
5. _____ clams
6. _____ green beans
7. _____ wine
8. _____ grapes
9. _____ baked trout
10. _____ noodle soup
11. _____ lettuce
12. _____ apple pie

Прочитайте и послушайте опять разговор на страницах 147–148 чтобы ответить на следующие вопросы.

1. The _______________ brings the menu.
2. The _______________ of the house is roast _______________.
3. First Ivan and Boris will have some _______________.
4. The waiter _______________ them beans.
5. Ivan doesn't _______________ trout; he prefers to have _______________.
6. Both will drink a _______________ of wine.
7. For dessert, they do not order _______________; they prefer _______________.

Как по-английски?

1. Где туалет _______________?
2. Принесите нам, пожалуйста _______________.

ОТВЕТЫ

1. 7. **2.** 3 **3.** 6 **4.** 6 **5.** 1 **6.** 4 **7.** 8 **8.** 7 **9.** 5. **10.** 2 **11.** 3 **12.** 7

Пропуски: 1. waiter **2.** specialty, chicken **3.** appetizers **4.** brings **5.** like, chicken **6.** bottle **7.** sweets **8.** cheese

Перевод: 1. Where is the restroom? **2.** Please bring us _______________.

Мы собирали несколько слов для Вашего обеда. Запомните их, запишите их, и найдите в словаре Ваше любимое блюдо.

APPETIZERS
закуски

shrimp cocktail
коктейль из креветок

meatballs
котлеты из фарша

SOUPS
суп

vegetable soup
овощной суп

noodle soup
суп с лапшой

SALADS
салаты

tossed salad
зеленый салат

potato salad
картофельный салат

VEGETABLES
овощи

asparagus
спаржа

spinach
шпинат

FISH
рыба

(klemz)
clams
моллюски

shrimp
креветки

MEAT
мясо

pork chops
свиная отбивная котлета

lamb chops
баранная отбивная котлета

DESSERT
сладкое

(A-renj)
orange
апельсин

rice pudding
рисовый пудинг

DRINKS
напитки

mineral water
минеральная вода

red wine
красное вино

Теперь Ваша очередь. Ответьте на вопросы и закажите Ваш обед по-английски.

What are you going to have tomorrow for lunch?

____.

Are you happy **(весело)** when you drink a lot of wine?

____.

Do you feel sick when you eat too much **(объедаться)**?

____.

Restaurant Meals

Many restaurants and cafeterias serve a daily special that is cheaper *(CHI-per)* **than other selections. This is good for the tourists who don't want to spend too much money. In the United States there are very popular fast-food and fast-service restaurants. If you miss** (скучать) **your borscht and kasha, you can have a hamburger** (гамбургер) **with french fries. It is inexpensive and very good. Really, when you travel it is better to try out the food of the country. You will be surprised by all the delicious dishes you will find in any restaurant. Also, you can have an espresso in most of them. In any case, this will not be a problem in New York, Chicago, or any big city, because there are all kinds of ethnic restaurants, and Chinese, Italian, and Russian restaurants are among the most popular. When you pay the bill** (счет)**, you should give a 15 to 20 percent tip** (на чай.)**.**

How much?

some	**any**	**more**	**less**
немножко	никакой	больше/еще	меньше

В английском несколько выражений имеет значение неопределенного количества. Например:

I would like some beans
He does not want any potatoes.
Please bring us more coffee.
I like less salt in my food.

Составьте слова в правильный порядок.

1. coffee/I am going/a cup/to have/of

____

2. where/the/is/bathroom

____

3. does/like/Philip/not/fries/french

____

4. bring/you/can/of/wine/a/bottle/me

____

5. feel/I/well/not/today/do

____

ОТВЕТЫ

1. I am going to have a cup of coffee. **2.** Where is the bathroom? **3.** Philip does not like french fries. **4.** Can you bring me a bottle of wine? **5.** I do not feel well today.

PRACTICE MAKES PERFECT!

Повторение—мать учения!

Соедините антонимы из левой колонки со словами из правой колонки.

1. to the right	A. near
2. far	B. in front of
3. behind	C. to the left

На каком языке говорят люди в следуюших странах?

Great Britain ______________ Spain ________________

Russia ___________________ Germany ______________

Italy _____________________ France _______________

Запишите букву из колонки 2, которая описывает человека из колонки 1.

Колонка 1	Колонка 2
1. ___ I am 90 years old.	A. a Ukrainian
2. ___ I run 15 miles every day.	B. an athlete
3. ___ I bring the menu.	C. a mechanic
4. ___ I repair cars.	D. a bellboy
5. ___ I work in Ukraine.	E. an old person
6. ___ I eat at a restaurant.	F. a driver
7. ___ I drive the bus.	G. a waiter
8. ___ I live in Russia.	H. a customer
9. ___ I carry the suitcases	I. a Russian

ОТВЕТЫ

Антонимы: 1-C, 2-A, 3-B

Языки: English, Russian, Italian, Spanish, German, French

Пары: 1.E 2.B 3.G 4.C 5.A 6.H 7.F 8.I 9.D

ACROSS-ГОРИЗОНТАЛЬ

1. сладкое
2. видят
5. вход
7. в/на
9. приезжаешь
11. говорю
14. ночь
17. солнечный
18. двенадцать

DOWN-ВЕРТИКАЛЬ

1. сокращение (he) do + not
3. один
4. мать
6. путешествует
8. день
10. дождь
12. но
13. снег
15. я вижу
16. Здравствуйте.

ОТВЕТЫ

Across: 1. dessert **2.** see **5.** entrance **7.** to **9.** arrive **11.** say **14.** night **17.** sunny **18.** twelve

Down: 1. doesn't **3.** one **4.** mother **6.** travels **8.** day **10.** rain **12.** but **13.** snow **15.** I see **16.** hello

Найдите в каждой группе неподходящее слово.

1. flight, suitcases, vegetables
2. son, car, grandfather
3. check-in desk, hotel, waiter
4. time, street, corner
5. next to, behind, employee
6. subway, language, taxi
7. waiter, midnight, noon
8. country, baggage car, berth
9. tank, tire, shower
10. plane, season, month

Выберите вопрос, на который отвечает первое слово.

1. Tomorrow—Who? When? Why?
2. On the street—What? Where? How?
3. Two thousand dollars—How much? When? How?
4. It is a sink—Who? What? How?

ОТВЕТЫ

1. vegetables **2.** car **3.** waiter **4.** time **5.** employee
6. language **7.** waiter **8.** country **9.** shower **10.** plane

Вопросы: 1. When? **2.** Where? **3.** How much? **4.** What?

5. He is an employee—How? What? Who?

6. Very well, thank you—How? Where? What?

Разделите следующие слова на три группы. Запишите **E for Entertainment, F for Food, and T for Travel.**

1. train ______	2. ice cream _____	3. car __________	4. movies _________
5. chicken ____	6. road _________	7. theater _______	8. highway ________
9. rice _______	10. movie ________	11. grapes _______	12. plane __________

Вставьте пропущенные буквы.

1. I gi_ _ him the money.
2. The employee ret_ _ _ _ ten dollars to me.
3. I am n_ _ afraid to fly.
4. I don't t_k_ a trip.
5. We wr_ _ _ our new address.
6. I don't fe_ _ well.
7. It rai_ _ a lot in April.
8. It sno_ _ a lot in winter.
9. We s_ ll the car.

ОТВЕТЫ

Вопросы: **5.** Who? **6.** How?

Группы: **1.** T **2.** F **3.** T **4.** E **5.** F **6.** T **7.** E **8.** T **9.** F **10.** E **11.** F **12.** T

Буквы: **1.** give **2.** returns **3.** not **4.** take **5.** write **6.** feel **7.** rains **8.** snows **9.** sell

10. The waiter ser_ _ _ us.

11. The customers pre_ _ _ that table.

Выберите логическое слово, которое правильно заканчивает предложение.

1. The waiter (needs, brings, comes) our meal.

2. It is very (hot, cold, windy) in summertime.

3. We eat meat with a (fork, spoon, cup).

4. In the United States dinner is at (six, four, ten) o'clock.

5. Mark is a good (wife, daughter, son).

Из группы слов направой стороне, найдите и вставьте правильный вариант.

1. I am twenty ______ old.	hurry
2. They want to eat because they are ______.	thirsty
3. He wants to drink because he is ______.	years
4. We run because we are in a ______.	careful
5. I have many accidents because I am not ______ when I drive my car.	hungry
6. I am not ______ with the lotto.	lucky

ОТВЕТЫ

Буквы: 10. serves **11.** prefer

Слова: 1. brings **2.** hot **3.** fork **4.** six **5.** son

Пропуски: 1. years **2.** hungry **3.** thirsty **4.** hurry **5.** careful **6.** lucky

Как Вы ответите на следующие вопросы?

1. How are you? ______________________
2. Thank you. ______________________
3. What is your name? ______________________
4. How old are you? ______________________
5. What time is it? ______________________

Заполните список месяцев.

July ______________ September ______________ November ______________

______________ February ______________ April ______________ June

Вы можете переставить буквы для английских дней недели?

1. YADRUTAS ______________________
2. DAYUSN ______________________
3. NESAYDEDW ______________________
4. HURTSYAD ______________________
5. OMNAYD ______________________
6. SEUTYAD ______________________
7. RIFDYA ______________________

ОТВЕТЫ

Ответы: **1.** Fine, thank you. **2.** You are welcome. **3.** My name is ___. **4.** I am ___ years old. **5.** It is ___ o'clock.

Месяцы: August, October, December, January, March, May

Дни: **1.** Saturday **2.** Sunday **3.** Wednesday **4.** Thursday **5.** Monday **6.** Tuesday **7.** Friday

Вставьте правильные формы местоимений.

The clerk sees (нас) ________________. The boy wants a newspaper and buys (ее) ________________ at the newsstand. The waiter brings the bill and I pay (его) ________________. The girls see (меня) ________________. I give the suitcases to the bellboy and he takes (их) ________________ to the taxi. We pay for the tickets and the clerk gives (их) ________________ to my father.

Прочитайте вслух и выпишите курсивом.

213 ______________________________

322 ______________________________

433 ______________________________

545 ______________________________

656 ______________________________

767 ______________________________

878 ______________________________

989 ______________________________

1215 ______________________________

Вставьте правильную форму косвенного подлежащего (плюс предлог, где нужно).

1. The waiter returns the money __________ __________. (ему)
2. The clerk sells the tickets __________ __________. (им)
3. They don't tell __________ the truth. (мне)

ОТВЕТЫ

Местоимения:

1. us **2.** it **3.** it **4.** me **5.** them **6.** them

Косвенное подлежащее:

1. to him **2.** to them **3.** me

AT THE STORE

В магазине

16 Clothing, Sizes, and Basic Colors

(KLO-Zing) (SAI-zes)

Clothing, Sizes,

Одежда, размеры,

(BEI-sik) (KO-lerz)

and Basic Colors

основные цвета

В любом магазине, Вы наверно хотите посмотреть и иногда примерить одежду. Обратите внимания на следующие слова и выражения.

Повторите формы глаголов "надевать" и "снимать". Вставьте пропущенные слова.

TO PUT ON		
I put on	**we put on**	**I ____________ my hat. We ____________ our hats.**
you put on		**You ____________ your hat(s).**
he puts on		**He ____________ his hat.**
she puts on	**they put on**	**She ____________ her hat. They _______ their hats.**

TO TAKE OFF			
I take off	we take off	I __________ my hat.	We __________ our hats.
you take off		You __________ your hat(s).	
he takes off		He __________ his hat.	
she takes off	they take off	She __________ her hat.	They __________ their hats.

MEN'S CLOTHING

Мужская одежда

Запишите слова для тех предметов, которые Вы хотите купить.

(saks)
socks

______

(shert)
shirt

______

(tai)
tie

______

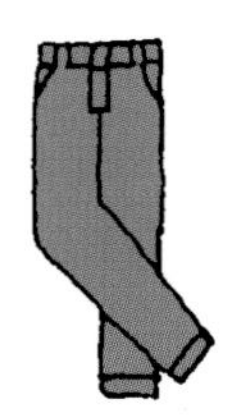

(pents)
pants

______

(SUE-ter)
sweater

______

(Чемодан потерялся. Нашему туристу надо купить основные предметы одежды.)

CLERK **Can I help you, sir?**

TOURIST **My luggage has been lost and I need** (мне нужна) **new clothes.** (новая одежда) **I need underwear,** (бельё) **tee-shirts, a white shirt, and a black tie.** (черный)

CLERK **And a new suit, too?**

TOURIST **Yes, can you please show me a suit?** (покажите мне) **I wear a size 34.** (у меня (я ношу))

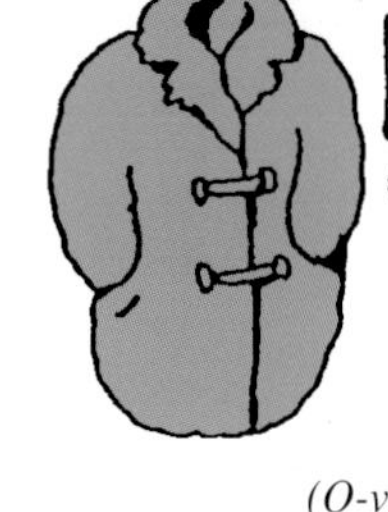

(O-ver-kot)
overcoat

______

(HEN-ker-chif)
handkerchief

______

shorts

______

(TI-shert)
tee-shirt

______

(kep)
cap

______

(om-BRE-la)
umbrella

(REIN-kot)
raincoat

____

____

jacket

____

belt

____

CLERK **At this time, I don't have a suit in your size. Can I show you a jacket** (пиджак) **and pants?** (брюки)

TOURIST **OK. Where can I try on** (мерить) **the pants?**

(Павел их примерил и он доволен, хотя они велики.)

CLERK **They fit you perfectly! Now, all you need is a new belt!** (пояс)

(sut)
suit

____

gloves

____

boots

____

hat

____

Ответьте **True** или **False** на следующие вопросы.

1. The tourist needs to buy new clothes. ______________________
2. He doesn't want to buy underwear. ______________________
3. The tourist wears suit size 44. ______________________
4. The pants fit him perfectly. ______________________
5. The clerk says that the tourist needs a new belt. ______________________

ОТВЕТЫ

1. True **2.** False **3.** False **4.** False **5.** True

В каком порядке одевается мужчина, когда он встает? Запишите номер под каждым словом.

belt	socks	hat	underwear
________	________	________	________
tie	shirt	pants	
________	________	________	

Вставьте правильную английскую форму.

1. ____________ my clothes in the morning.
   надеваю

2. ____________ my clothes at night.
   снимаю

*Обратите внимание на то, что в английском часто употребляется формы **my, your, our, their,** и т. д. в замене артиклей **the** или **a.**

3. The pants ____________ well.
   мне идут

Ответьте полными предложениями на вопросы.

4. Where can you buy clothes?

   ____

5. Do you buy clothes if they don't fit you well?

   ____

6. Do you need a new sweater?

   ____

ОТВЕТЫ

Порядок: 5, 2, 7, 1, 6, 3, 4

Пропуски: **1.** I put on **2.** I take off **3.** fit me **4.** I buy clothes in a clothing store.

5. No, I don't buy clothes if they don't fit me well. **6.** Yes, I need a new sweater, or No, I don't need a new sweater.

When you need something

TO NEED = НУЖНО

Для перевода с русского "мне нужен галстук", "ему нужна рубашка", и т. д. в английском употребляется выражение **I need something, he needs ___________.**
Обратите внимание на порядок слов.

субъект **+ need +** подлежащее

Например:

I need a new suit.

He needs a pair of shoes.

They need a ticket.

В разговорной речи Вы часто слышите глагол **have** плюс инфинитив:

субъект **+ have +** инфинитив

Например:

I have to buy a new suit.

She has to take a trip.

You have to turn left here.

(gud) *(BE-ter)* *(best)*
Good, Better, Best
хороший, лучший, самый лучший/наилучший

Sometimes things are good, but not good enough. You want something better.
достаточно хорошо

(bos)
You say to the clerk in the store, "I have to buy a present for my boss. I need
шеф/начальник

(KUAL-i-ti)
something better. Is this your best quality?"
самое лучшее качество

Если Вы должны купить брюки, костюм, носки, бельё, Вам обязательно нужно знать размеры—и как сказать по-английкси "какого размера". Можно сказать **I wear,** или **I need.** Послушайте следующие реплики.

In shirts, I wear size ________________.

I need a suit size ___________________.

Теперь повторите предложения, но сами вставьте то, что Вам нужно купить.

Do you want to show me a _____________________?

Can I try on a _______________________________?

Can you alter this ___________________________?
(OL-ter) переделать

This ______________________________________ doesn't fit me well.

Заполните пропуски логическим ответом.

1. If it is cold, I wear a ______________________________.
2. If it is cool, I take off my coat and put on a

   ___________________________.
3. If it is snowing, I put on my _________________________.
4. If it rains, I take off my coat and put on my

   ___________________________.
5. When it rains I also carry (ношу) an

   ______________________________.

ОТВЕТЫ

1. coat **2.** sweater **3.** boots **4.** raincoat **5.** umbrella

SIZES

размеры

Размеры **(sizes)** одежды и обуви в Соединенных Штатах сильно отличаются от европейских (и русских) размеров. Посмотрите таблицы ниже.

MEN'S SIZES								
Shirts								
American size	14	14½	15	15½	16	16½	17	17½
European size	36	37	38	39	40	41	42	43
Other clothes								
American size	34	36	38	40	42	44	46	48
European size	44	46	48	50	52	54	56	58

WOMEN'S SIZES							
Blouses							
American size	32	34	36	38	40	42	44
European size	40	42	44	46	48	50	52
Other clothes							
American size	8	10	12	14	16	18	
European size	36	38	40	42	44	46	

WOMEN'S CLOTHES

Женская одежда

Вставьте в пропуски предметы женской одежды.

(BEI-sik) (KO-lerz)

Basic Colors

Основные цвета

(YE-lo)
a yellow bra

____

a red purse

____

(blu)
a blue dress

____

a green handkerchief

____

the yellow panties

____

a white slip

____

(blaus)
a green blouse

____

a red skirt

____

Повторите вопрос для каждого предмета, и ответьте "какого цвета".
Например: **What color is the skirt? The skirt is red.**

What color is the dress? ____.

What color is the blouse? ____.

Продолжите, употребляя выше указанные предметы.

ОТВЕТЫ

Одежда: The dress is blue. The blouse is green.

(shuz)

MEN'S AND WOMEN'S SHOES

Мужская и женская обувь

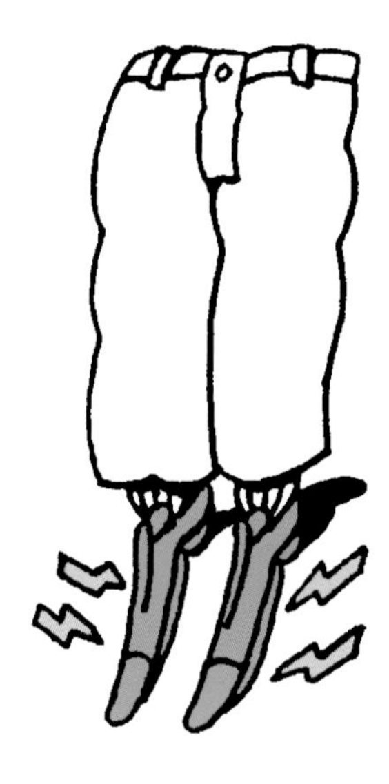

(NA-ro)
The shoes are narrow.
узки

(tait)
They are tight.
они мне тесны

(uaid)
The shoes are too wide.
широки

Shoe Sizes

Размер обуви

What size shoe do you wear? (Какого размера обуви?)

Посмотрите на таблицу на следуюшей странице и потом ответьте.

I wear size ________________________.

the shoes

the sandals

the boots

Men's shoes

American size	7	7½	8	8½	9	9½	10	10½	11	11½
European size	39	40	41	42	43	43	44	44	45	45

Women's shoes

American size	5	5½	6	6½	7	7½	8	8½	9
European size	35	35	36	37	38	38	38	39	40

Marina wants to buy new clothes to go to a party at Tina's house.

(peirz)

She goes to the shoe store and she tries on many pairs of shoes.

магазин Обувь мереет

Some are too narrow and so they are too tight. Others are too wide.

Finally, she buys a pair that fits her well. At the department store a

salesman waits on her. He shows her green, yellow, and black skirts.

обслуживает показывает

Marina buys a permanent-press skirt and a polyester blouse. She

немнущаяся полиэстр

always likes to wear a red blouse. When she goes to the party, she

sees that Tina is wearing the exact same skirt and blouse.

носит ту же самую юбку и блузку

Ответьте на вопросы.

What does Marina wear to the party? ________________________________.

Who is wearing the same outfit? ____________________________________.

ОТВЕТЫ

A blue skirt and red blouse. Tina.

Когда речь идет об одежде, нужно знать разные ткани. Повторите следующие выражения с разными видами ткани.

I want something in

(uol)
wool ________________.
шерсть

silk ________________.
шелк

(KA-ten)
cotton ________________.
хлопчатобумажная ткань

(NAI-lon)
nylon ________________.
нейлон

denim ________________.
деним

leather ________________.
кожа

(sueid)
suede ________________.
замша

Повторите и напишите курсивом.

(ME-zhur)
Do you want to measure me? ________________________________
мерить

(KUAL-I-ti)
I would like something of a better quality. ________________________
лучшего качества

Do you have something handmade? ____________________________
ручной работы

(smol)
It is too big / small / short. ________________________________
велик/мал/короток

I don’t like the color orange. _____________________________.
оранжевый

Составьте инвентарь Вашей одежды. Что еще нужно купить?

__________ __________ __________ __________ __________

Напишите пару слов о себе. Что Вам нравится? Какая одежда? Что Вы предпочитаете? Употребите выражения: **to wear, to fit me well, every day I put on, I like, I prefer.** Не забудьте определить какой цвет Вам лучше идет.

____

____

____

____

Вы собираетесь поехать в Америку. Какие предметы одежды Вы положите в чемодан?

____

____

Продолжим нашу практическую работу со словами для цвета:

Переведите на английский.

1. синий/голубой ______________
2. зеленый ______________
3. желтый ______________
4. белый ______________
5. черный ______________
6. красный ______________
7. розовый ______________
8. серый ______________

ОТВЕТЫ

Цвета: **1.** blue **2.** green **3.** yellow **4.** white **5.** black **6.** red **7.** pink **8.** gray

17 Grocery Stores

Продовольственные магазины

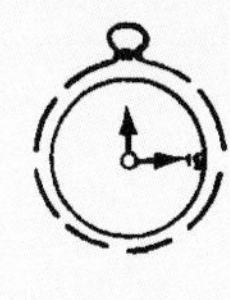

(ueits) *(ME-zharz)*

Weights and Measures

весы и меры

(KUES-chons)

To Ask Questions

Задавать вопросы

Русское выражение "задать вопрос" переводится в англсийском словами **to ask a question.** Обратите внимание на порядок слов.

Например: **Our son asks us a question.**
Наш сын задает нам вопрос.

I ask the policeman a question.
Я задаю полицейскому вопрос.

Переведите следующие предложения на английский.

1. Я задаю Мэри вопрос. ______________________________

2. Они мне задают глупый вопрос. ______________________________

3. Туристы нам задают много вопросов. ______________________________

4. Вы мне задаете трудный вопрос. ______________________________

5. Мы задаем гиду вопрос. ______________________________

Too Many Questions

Слишком много вопросов

THE INQUISITIVE ONE
любознательный человек

I would like to ask you a question:
Where can I buy milk?

THE POLICEMAN
полицейский

They sell milk in the dairy store
on the corner.

INQUISITIVE ONE

And if I need vegetables and fruit,
where do I go?
куда мне идти?

POLICEMAN

To the vegetable store.

INQUISITIVE ONE

And if I want meat and bread?

POLICEMAN

To the meat market and the bakery.

INQUISITIVE ONE

How about fish and candy?

POLICEMAN

You have to go to the fish store and the candy shop.

ОТВЕТЫ

1. I ask Mary a question. **2.** They ask me a stupid question. **3.** The tourists ask us many questions. **4.** You ask me a difficult question. **5.** We ask the guide a question.
(*STU-pid*) (*DIF-i-colt*)

INQUISITIVE ONE **And where do I go if I want cake?**

POLICEMAN **Well, you must go to the pastry shop to buy cakes, pies, and cookies.**

INQUISITIVE ONE **And where can I get ice cream or wine?**

POLICEMAN **At the ice cream parlor and the liquor store....But if you want, you can do all your shopping at the supermarket.**

Выберите название продукта, который надо купить в другом магазиие.

1. Dairy store—butter, cheese, wine
2. Meat market—lamb, oranges, veal
3. Vegetable store—bread, asparagus, grapes
4. Fish store—spinach, trout, tuna
5. Candy store—chocolate bar, tomatoes, candy
6. Bakery—cake, pie, rice
7. Ice cream parlor—ice cream, soda, fish
8. Liquor store—wine, beer, shrimp

ОТВЕТЫ

1. wine **2.** oranges **3.** bread **4.** spinach **5.** tomatoes **6.** rice **7.** fish **8.** shrimp

Another Verb

Еще один глагол

Английский глагол **get** имеет целый ряд значений, например: получать, доставать, иметь, должен и т.д. Прочитайте следующий текст.

(RE-di)
We have to get ready now.
готивиться

She went to the store to get some bread.
купить/взять

(plei)
The children get dirty when they play.
загрязняются играют

(PRE-zents)
You get presents on your birthday.
получаете подарки день рождения

They get out of the taxi.
выходят

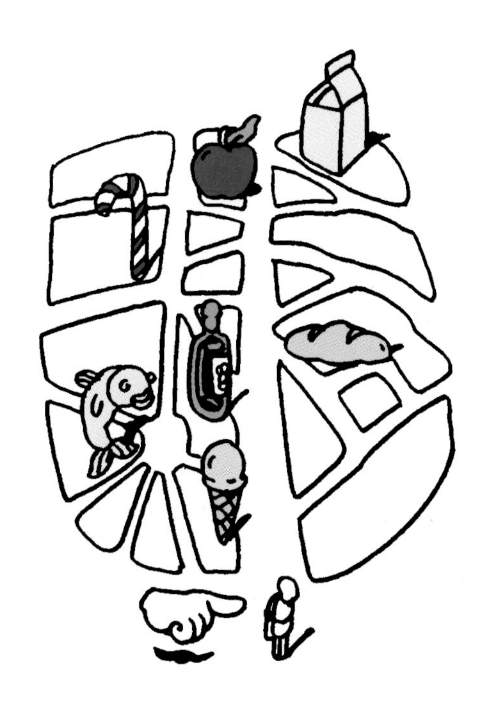

How do we get to the bakery?
Как добраться/дойти до булочной?

Посмотрите на план нашего района. Сможете ли Вы найти булочную? Объясните, как добраться, употребляя выражения, которые Вы уже знаете.

1. **Go _______________ past the _______________.**
   прямо Кафе мороженое

2. **Continue until you pass the ____________________.**
   магазин "Алкогольные напитки"

3. _______________ **, and then turn left.**
   Поверните направо

4. **The bakery will be on your _______________.**
   налево

5. **If you pass the _______________ , you have gone too far!**
   магазин "Молоко"

ОТВЕТЫ

1. straight ahead, ice cream parlor **2.** liquor store **3.** Turn right **4.** left **5.** dairy products store

WEIGHTS AND MEASURES

Весы и меры

(uei) **to weigh** весить	*(ueit)* **weight** вес

Здесь, Вы найдете таблицы эквивалентов американских и европейских весов.

WEIGHT EQUIVALENTS

one pound	=	454 grams
half a pound	=	227 grams
one ounce	=	28.35 grams

LIQUID EQUIVALENTS

one pint	=	0.473 liter
one quart	=	0.946 liter
one gallon	=	3.785 liter

Ответьте на вопросы.

1. How much do you *(uei)* weigh? ________________________________.
2. How much water do you drink each day? ________________________.
3. What is your best friend's weight? ___________________________.

ОТВЕТЫ

1. I weigh ______ pounds. **2.** I drink ______ quarts of water a day. **3.** My best friend weighs ______ pounds.

(AUN-sez) *(paund)*

4. How many ounces are there in a pound? ______________________________.

5. How many gallons of gasoline are there in your car? ______________________.

Следующие выражения Вам очень нужны в продовольственных магазинах. Запишите их курсивом для повторения.

A dozen ______________

Half a dozen ______________

A pound of ______________

Half a pound of ______________

A quarter of a pound of ______________

A gallon of ______________

I would like ______________.

How much does this weigh? ______________

How much per dozen? ______________

How much does this cost? ______________

That is too much. ______________

AT THE GROCERY STORE

В продовольственном магазине

Посмотрите на следующие картинки и фразы. Выучите их и запишите их курсивом.

(sop)
soap
мыло

____

a half dozen lemons
пол-дюжина лимонов

____

instant coffee
растворимый кофе

____

canned vegetables
консервированные овощи

____

ОТВЕТЫ

4. There are 16 ounces in a pound.

5. There are ______ gallons of gasoline in my car.

roll of toilet paper
рулетка туалетной бумаги

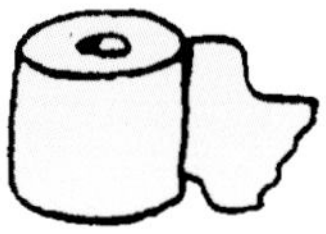

____

a bag of sugar
пакет сахара

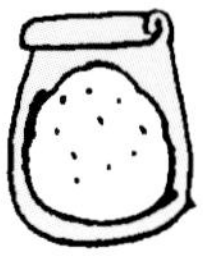

____

cherries
вишня

____

a dozen eggs
дюжина яиц

____

a half pound of cherries
полфунта вишни

____

a box of cookies
коробка печения

____

(kuart)
a quart of milk
литр молока

____

Американцы любят холодные напитки—пиво, лимонад, и т.д. В каждом доме есть большой холодильник. Обычно раз в неделю семья покупает продукты на всю неделю в большом гастрономе.

Обратите внимание на типичные американские единицы веса: унция, фунт, кварта, галлон.

ounce, pound, quart, gallon

1. I would like some ______________________________

2. I need ______________________________

3. We need ______________________________

4. We are looking for ______________________________
искать

5. Do you have ______________________________

(SU-per-MAR-ket)

The Supermarket

Гастроном/супермаркет

В каждом американском городе и городке, в селе и иногда в деревне, есть большой гастроном. Они обычно открыты круглые сутки, поэтому Вы можете купить молоко и все на завтрак в три часа ночи.

В этих магазинах есть специальные отделы: Рыба, Мясо, Молочные продукты, Овощи и фрукты, и т. д.

Но некоторые любят старый стиль, когда фермеры привозят свои продукты в город на рынок. Здесь самые свежие и вкусные овощи и фрукты. Давайте поедем на рынок **Farmers' market.**

ОТВЕТЫ

1. sugar **2.** instant coffee **3.** a quart of milk **4.** soap **5.** cherries

Конечно иногда более удобно поговорить с людьми, познакомиться с местными жителями. Все это можно сделать на рынке. Но к сожалению в нашем городе рынок открыт только по средам и по субботам. Что делать?

farmers' market

Вставьте нужные слова.

1. We can find rolls (булочки) and bread at the ________________________.
2. They sell ham at the ________________________.
3. If we need fresh strawberries (клубника), we can go to the ________________________.
4. They sell whipped cream (взбитые сливки) at the ________________________.
5. If we want lobster, we can buy it at the ________________________.

Составьте вопросы к следующим ответам.

1. They cost 40 cents a pound. ________________________.
2. They weigh a quarter of a pound. ________________________.

ОТВЕТЫ

Пропуски: **1.** bakery **2.** meat market **3.** vegetable store **4.** dairy **5.** fish store

Вопросы: **1.** How much (do they cost) per pound? **2.** How much do they weigh?

18 The Drugstore

(DRAG-stor)

Аптека

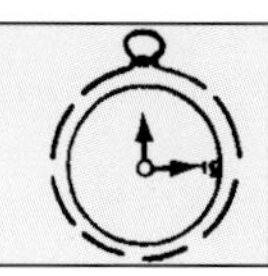

В аптеке **Drugstore** Вы найдете не только медикаменты рецептные и безрецептные, но и целый ряд предметов личного характера от крема для бритвы и зубной пасты до губной помады.

Фармацевт **Pharmacist** Вам поможет и ответит на вопросы о лекарстве, и выполнит заказ на рецепт **prescription.**

AT THE DRUGSTORE

В аптеке

(blo) (DRAI-er)
blow-dryer
фен

(kom)
comb
расческа

(krIm)
cold cream
кольдкрем/крем для кожи

(neil) (PA-lish)
nail polish
лак для ногтей

(HER-brash)
hairbrush
щетка

(TI-shuz)
box of tissues
коробка салфеток

(TUS-brash)
toothbrush
зубная щетка

mirror
зеркало

(peist)
toothpaste
зубная паста

lipstick
губная помада

(HER sprei)
hair spray
лак для волос

(blash)
blush
руж

mascara
маскара

nail polish remover
ацетон

Amanda and Fran go to a drugstore and go to the cosmetics counter. Amanda looks at herself in the mirror.
на себя

AMANDA **I need to buy cold cream and a box of tissues.**

FRAN **I never use cold cream: it costs too much. Do you**
слишком много (дорого)
usually buy your make-up here? This store is for rich
богатый
people, not for poor people like us!
бедный как мы

AMANDA **True, but I can't find good products in our**
(NEI-bor-hud)
neighborhood.
микрорайон

FRAN **Let me tell you something. I can't buy things in this**
что-то

drugstore because the prices are too high.
цены слишком высокие (дорогие)

SALESWOMAN **Good afternoon, ladies. Can I help you?**
Добрый день

AMANDA **I need a comb, a brush, and some hair spray. I also would like to buy a toothbrush and some toothpaste. How much is it?**

SALESWOMAN **The toothbrush is $2.75 and the toothpaste is $2.25.**

FRAN **Do you see what I mean? You are going to spend a lot of money!**
тратить

AMANDA **I would also like to see some make-up: blush, lipstick, and mascara, please. Oh, and some nail polish remover, too.**

FRAN **Do you know something? You spend too much money!**

AMANDA **It doesn't matter. These things are not for me—they are for my husband.**
не важно/ничего

FRAN *(с недоумением)* **What?**

AMANDA **Oh, don't misunderstand me!**

(BYU-ti-ful)
I mean that I spend so much money to look beautiful for him!
Я имею в виду столько красивый

How do I look?

TO LOOK = ВЫГЛЯДЕТЬ

Вы уже знаете выражения **look at.**

I am looking at you.

Глагол **look** также употребляется в значении "выглядеть".

You look lovely today.

Посмотрите на следующие предложения. Вы понимаете их смысл?

You look hungry. Do you want to get something to eat?

That dress looks very good on you. Do you want to buy it?

You look tired. Do you want to go to sleep?

Ответьте на вопросы.

1. Does the color blue look good on you?

____

2. Do you look tired at the end of the day?

____

3. Do you look happy when it is a nice day?

____

4. Do you look sad when your suitcase is lost?

____

ОТВЕТЫ

1. Yes, the color blue looks good on me. (No, the color blue doesn't look good on me.) **2.** Yes, I look tired at the end of the day. (No, I don't look tired...) **3.** Yes, I look happy when it is a nice day. (No, I don't look happy...) **4.** Yes, I look sad when my suitcase is lost. (No, I don't look sad. . .)

1. Назовите несколько вещей, которые Вы найдете в аптеке **drugstore,** и которые Вам нужны каждый день?

2. Для декоративного ухода за ногтями что нужно?

3. Назовите три предмета, которые каждая женщина носит со собой в сумке.

4. Что нужно для ухода за волосами?

HENRY **Do you sell fruit here?**

SALESMAN **No. To buy fruit you have to go to the supermarket or to the vegetable store.**

HENRY **Do you have cigarettes and lighters?**
сигареты зажигалки

SALESMAN **Yes, those I have.**

lighter

cigarettes

ОТВЕТЫ

1. a brush, a comb, toothpaste, etc. **2.** nail polish, nail polish remover
3. blush, lipstick, mascara **4.** hair spray, shampoo

deodorant

____

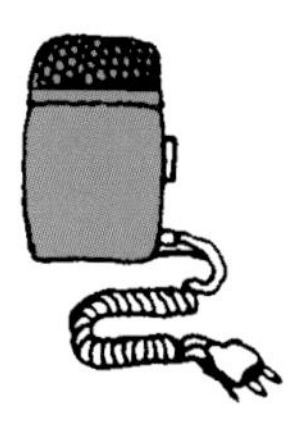

electric razor

____

HENRY — **I also need deodorant, a razor** *(REI-zer)*, **and some razor blades** *(bleids)*. **My electric** *(i-LEK-trik)* **razor doesn't work** (не работает) **in this country. The electricity is no good here.**

SALESMAN — **The problem is not with the electricity, it's with your razor. You see, you have to buy a converter** (трансформатор) **for your razor.**

HENRY — **Oh, no! Another problem!**

SALESMAN — **I have an idea: Don't shave** *(sheiv)*! **After all, I have a beard** *(bird)*, **and women are crazy** *(KREI-zi)* **about me!** (сходят с ума по мне)

razor blades

____

razor

____

Ответьте на вопросы по-английски.

1. Назовите две вещи, которые Вы найдете в магазине "Табак".

____

2. Что нужно мужчине для бритья?

____

3. В Соединенных Штатах люди особенно обращают внимание на запах. Что Вам обязательно понадобится в пути?

____

ОТВЕТЫ

1. pipes, tobacco, etc. **2.** an electric razor, blades, razor **3.** deodorant

AT THE PHARMACY COUNTER

У фармаколога

I believe you are too late!
Я думаю, что вы опоздали

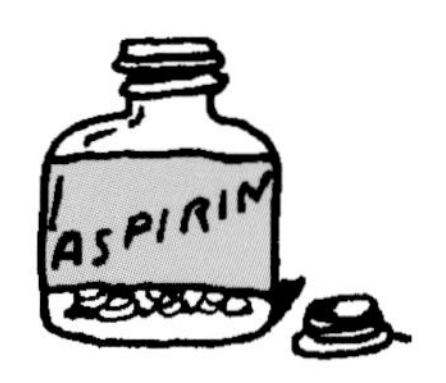

aspirin
аспирин/пирамидон

pills
таблетки

____

Mary goes to the drugstore to buy **a few things.** (несколько вещей) She asks for bandages (бинт), alcohol, and a thermometer. She tells the pharmacist that she has a **headache** (головная боль), and he gives her **some aspirin.** She is putting on weight (толстеть), **she feels sick** in the morning, and she is **nauseous** (ей тошнит). The pharmacist says, "I think that you need talcum powder, safety pins, and diapers!"

Band-Aids
бинт/повязки

____

thermometer
термометр

____

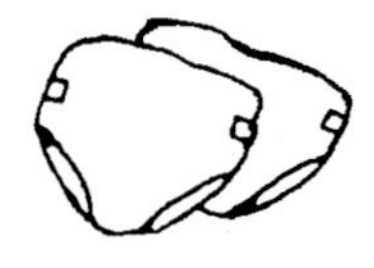

talcum powder
тальк

____

safety pins
булавки

____

diapers
пеленки

____

Мы надеемся, что следующие слова Вам будут не нужны—но на всякий случай!

I need something for:

(in-di-JES-chon)
indigestion
желудочное расстойство

a cold
простуда/насморк

constipation
запор

a sore throat
горло болит

I would like to buy:

an antacid
щелочь

an antiseptic
антисептик

(AI-o-dain)
iodine
иод

bandages
бинт

cotton
вата

(SI-zors)
scissors
ножницы

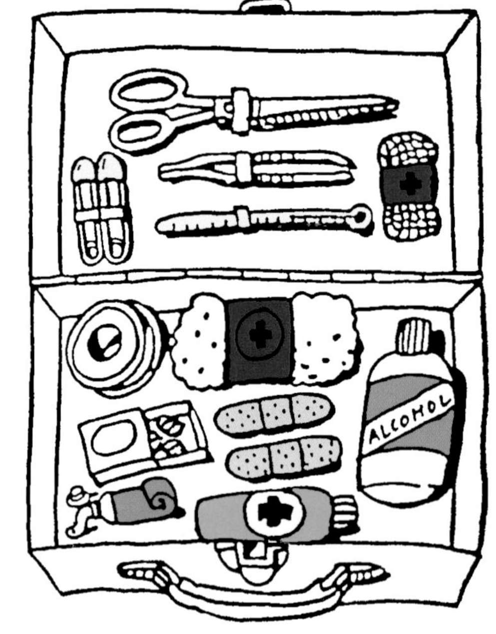

I have:

(di-a-RI-a)
diarrhea
понос

diabetes
диабет

(kof)
a cough
кашель

(FI-ver)
a fever
жар/высокая температура

a headache
головная боль

(kremps)
cramps
судорога

(kut)
a cut
порез

(SAN-bern)
sunburn
солнечный ожог

the flu
грипп

a toothache
зубная боль

I have to buy:

a laxative
слабительное (средство)

sanitary napkins
гигиенические салфетки

tampons
тампоны

insulin
инсулин

(SI-rop)
cough syrup
микстура от кашля

19 Laundry and the Dry Cleaner's

(LON-dri) (drai) (KLI-nerz)

Стирка и химчистка

(UA-shing) (ma-SHIN)
washing machine
стиральная машина

(DRAI-er)
dryer
центрифуга

В Соединенных Штатах намного дешевле делать стирку самим. Хотя возможно из номера гостиницы послать рубашки в стирку или костюм в химчистку, может стоить довольно дорого. Вы можете делать стирку в ванной, как американцы, или поискать **Laundromat**—места со стиральными машинами и центрифугами для сушки.

(LON-dro-met)

LAUNDROMAT

Сузана приехала в Америку учиться, и после первой недели ей обязательно надо стирать. В подвале студенческого общежития находится "стиральная комната". Послушаем ее разговор.

SUSANA **Excuse me, can you please help me? How much detergent do I** (порошок) **put in the machine to wash my lingerie?** *(lan-zher-EI)* (дамское белье)

detergent
порошок для стирки

____

LADY **Well, only half a cup for so little.**

basket
корзинка

SUSANA *(Думая).* **It is not enough.**
(Потом добавляет еще одну чашку порошка). ______________________

LADY (*в ужасе*) **Only half a cup! If you use** *(yuz)* **more, you'll have problems.** *(yul)*

Наконец она справилась с машиной. Теперь придется узнать о центрифуге.

SUSANA **Can you tell me how many coins I have to put in the dryer to use it? By the way, where is the slot?**
монеты; в автомат

(но машина не работает)

STUDENT **You have to press this button. Then the machine starts and it dries your clothes.**
нажать эту кнопку.; сушит

SUSANA **This is the first time I am washing my clothes at a laundromat. My mother always does my laundry at home.**
первый раз; стираю

STUDENT **Oh, are you a new student here? I am in the third year at the college.** *(KA-lech)*
колледж

SUSANA **Are you a student, too? How wonderful! Can we get together to talk?** *(tok)* **I would like to ask many questions about college life.**
собираться; о; жизнь

dryer
центрифуга

____

clothesline
веревка для белья

____

to hang clothes
весить белье

____

clothespins
зажимки для белья

____

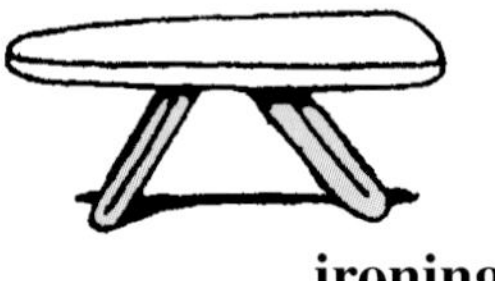

ironing board
гладильная доска

____

iron
утюг

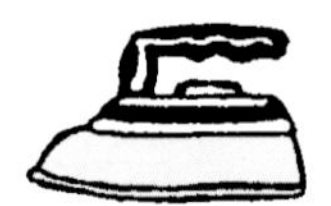

____

Ответьте на вопросы. Вставьте пропущенные слова.

1. At the laundry, what two machines do you have to deal with?

 ____

2. What does the washing machine do? The washing machine ________________ your clothes.

3. What does the dryer do? The dryer ____________________________________ your clothes.

4. Besides clothes, what must you put in the washing machine? ___________________________

5. What must you put in the washing machine slot? _______________________________________

6. Where do we put the coins? We put the coins in the ________________________________.

THE HOTEL: THE LAUNDRY AND THE DRY CLEANER'S

Гостиница прачечная химчистка

Время—деньги. Если Вы поехали в командировку и времени мало, придется пользоваться услугами гостиницы. Запомните следующие выражения и запишите их в пропусках.

Do you have laundry service? ____

I have clothes to wash. ____

(so)
Can you sew a button on this shirt for me? ____________________________________
пришивать

(slIv)
Can you mend the sleeve of this blouse for me? _________________________________
рукава

ОТВЕТЫ

1. washing machine, dryer **2.** washes **3.** dries **4.** detergent **5.** coins **6.** slot

I don't want starch in my underwear! ______________________________

Can you iron this shirt again? ______________________________
еще раз

Can you take this suit to be dry-cleaned? ______________________________
сдавать в чистку

Can you take out this stain? ______________________________
выводить пятно

Can I hang wet clothes in the bathroom? ______________________________
весить мокрое белье

(kom-PLEINTS)

COMPLAINTS

Жалобы

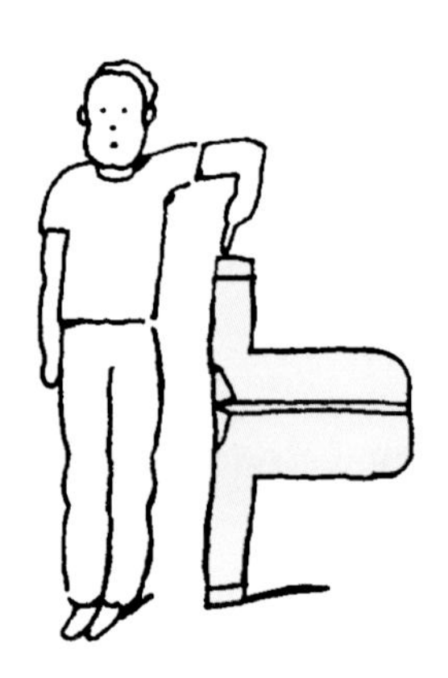

John always sends his clothes to the hotel laundry and dry cleaner's.
сдаёт

However, this time there are problems. There is a mix-up, and many of
однако недоразумение

the clothes that they return to him belong to another person. He goes to the
возвращают

manager to complain. In the first place, he never wears a bra or pantyhose.
администратор Во-первых бюстгальтер или колготки

Besides, his shirts have too much starch, and one of them is completely ruined; it is scorched.
К тому же крахмал испорчен подпален

He is also missing two socks—one is red and the other is green. The suit that is back from the
не хватает костюм вернули

dry cleaner's still has a stain on the sleeve. He has a right to complain, doesn't he?
еще

Заполните пропуски Вашими жалобами.

I have a complaint. ______________________________

There has been a mix-up. ______________________________

These clothes belong to someone else. ______________________________

This shirt has too much starch. ______________________________

My clothes are ruined. ______________________________

A button is missing. ______________________________

There is a stain on these pants. ______________________________

I am missing a pair of socks. ______________________________

Выберите правильные слова для хорошего предложения.

1. This shirt is missing a clothesline, a stain, a button.
2. This shirt is ruined, scorched, closed.
3. There is a button, washing machine, stain on my suit.
4. I am missing, I like, I call my underwear.
5. This shirt has too much cotton, starch, rouge.
6. These suits belong to someone else, are ours, are pretty.

ОТВЕТЫ

1. a button **2.** ruined, scorched **3.** stain **4.** I am missing **5.** starch **6.** belong to someone else

20 The Beauty Parlor and the Barbershop

(BYU-ti) (PAR-ler) (BAR-ber-shap)

Парикмахерская

The Beauty Parlor

Женский салон

(Джосефин приходит каждую неделю в женский салон.)

BEAUTICIAN (косметичка) **What would you like, madam?**

JOSEPHINE **A wash and set, please, and a touch-up.** (TOCH-op)
мытье и укладка — подправка

And can I also have a facial and a manicure? (FEI-shel)
маникюр

permanent
перманент

____

hair wash
мытье волос

____

facial
массаж лица

____

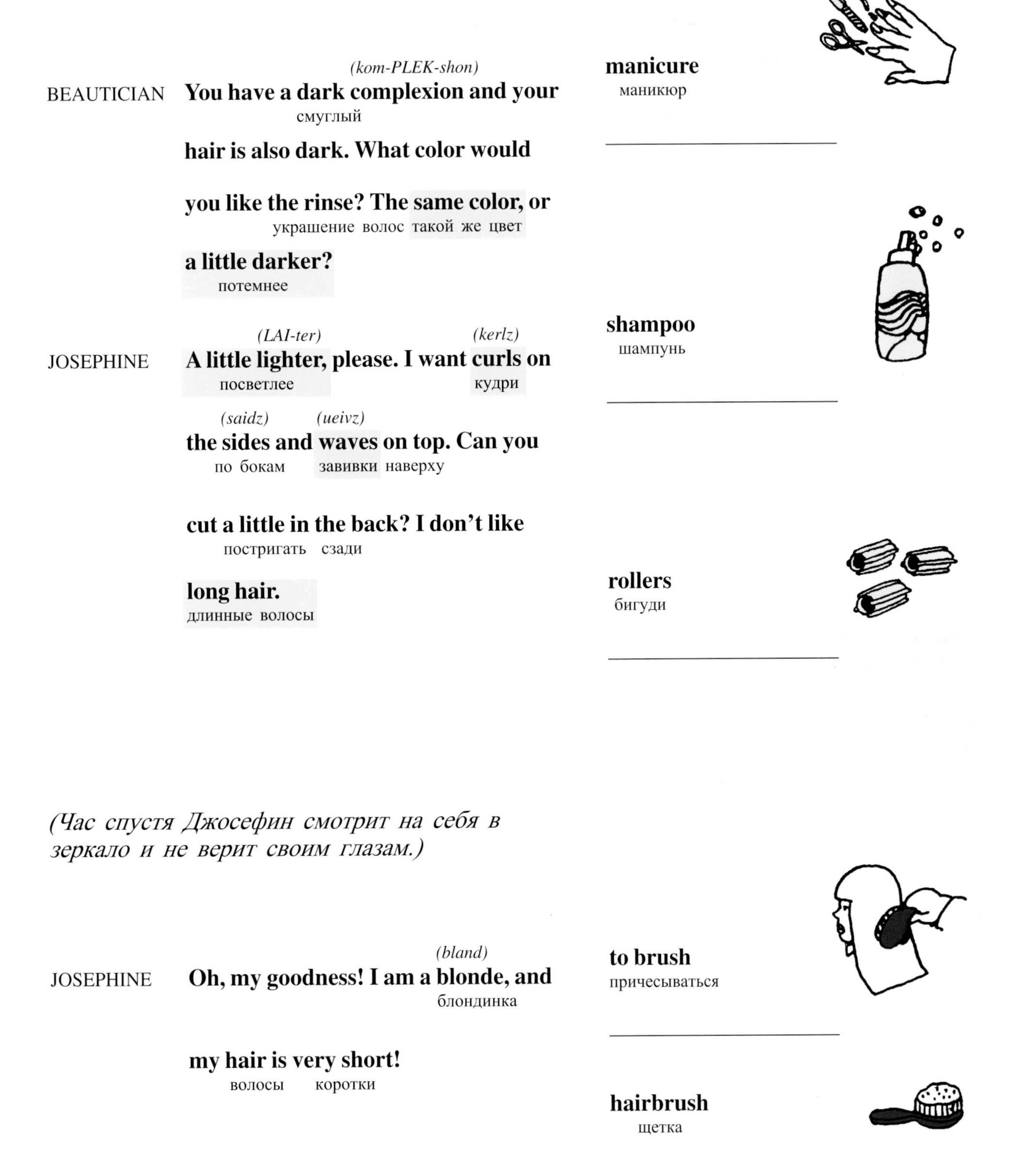

BEAUTICIAN **You have a dark complexion and your hair is also dark. What color would you like the rinse? The same color, or a little darker?**

(kom-PLEK-shon) — смуглый; украшение волос; такой же цвет; потемнее

JOSEPHINE **A little lighter, please. I want curls on the sides and waves on top. Can you cut a little in the back? I don't like long hair.**

(LAI-ter) посветлее; (kerlz) кудри; (saidz) по бокам; (ueivz) завивки; наверху; постригать; сзади; длинные волосы

manicure маникюр

shampoo шампунь

rollers бигуди

(Час спустя Джосефин смотрит на себя в зеркало и не верит своим глазам.)

JOSEPHINE **Oh, my goodness! I am a blonde, and my hair is very short!**

(bland) блондинка; волосы; коротки

to brush причесываться

hairbrush щетка

Познакомьтесь с этими полезными выражениями. Запишите их курсивом.

I would like to make an appointment for tomorrow.
назначать время на завтра

___

(HER-kat)
I need a haircut.
стрижка

___

Don’t put hair spray on my hair.
лак

___

I want bangs.
челки

___

I wear my hair in a bun.
пучок

___

После мытья головы попросите, чтобы Вам высушили волосы феном: **Can you please dry my hair with the blow-dryer?**

Как насчет новой модной прически? **Can you give me a new hairdo?**

Пусть заплетут в косу! **Would you please braid my hair.**

Вам только подправить? Попросите: **I would like just a touch-up.**

Пора покрасить волосы: **I need a color rinse.**

У Вас есть время на массаж и маникюр? **I would love a massage and manicure.**

The Barbershop

Мужской салон

(Мужчины иногда ходят в **beauty salon** для стрижки, но женщины не ходят в мужскую парикмахерскую—**barbershop.**)

Выучите следуюшие слова и запишите их курсивом.

to shave
брить

clippers
электрическая бритва

to shave oneself
бриться

______________________ ______________________ ______________________

Anthony goes to the barbershop because he needs a haircut. First the barber shaves Anthony and then he trims his beard, his moustache (усы)**, and his sideburns** *(SAID-bernz)* (бакенбарды) **with clippers. Later he washes Anthony's hair and gives him a haircut. Anthony likes his hair very short, and the barber cuts a lot off the top and the back. Anthony is very tired, and he falls asleep** *(a-SLIP)* (засыпает) **in the chair** (стул)**. The barber cuts more and more hair. Finally** *(FAI-na-li)* **he says, "That's it, sir."** (вот и все) **Anthony looks at himself in the mirror and sees that he is bald** *(bold)* (лысый)**. "How much do I owe you?"** (Сколько с меня?) **he asks. The barber says, "You can pay me for six haircuts—I think that you won't come back very soon** (скоро)**!"**

razor
бритва

scissors
ножницы

bald
лысый

______________________ ______________________ ______________________

to comb
причесываться

to style
делать прическу

haircut
стрижка

to trim
подстригаться

to cut
стричь

moustache
усы

sideburns
бакенбарды

beard
борода

В русском часто различаются глаголы без суффикса от тех с суффиксом **-ся/-сь.** "Парикмахер бреет (меня)" но "Я бреюсь", "она причесывает меня", "моя дочка причесывается". В английском значение "-ся" часто выражается словами **myself, yourself, himself, herself, ourselves, themselves,** или без них.

The barber shaves the customer, but I shave (myself) every morning. The beautician combs my hair, but my daughter combs her own hair (herself).

1. Does the barber shave you, or do you shave yourself?

2. Does the beautician comb your hair, or do you comb your hair yourself?

3. Does the beautician wash your hair, or do you wash your hair?

ОТВЕТЫ

1. The barber shaves me. I shave myself. **2.** The beautician combs my hair. I comb my hair myself. **3.** The beautician washes my hair. I wash my hair.

When you *don't* want something. . .

Отрицательная форма обычно образуется при помощи вспомогательного глагола **to do (do + not = don't).** Этот вспомогательный глагол употребляется и в повествовательном и повелительном наклонениях.

Please cut my hair very short.
Please *don't* cut my hair very short.

Повторите предложение и составьте отрицательные формы.

1. Trim my beard. ____________________
2. Bring me some wine. ____________________
3. Close the door. ____________________
4. Carry the suitcase. ____________________

Послушайте и дайте утвердительные формы.

5. Don't give me more soup. ____________________
6. Don't wash the clothes. ____________________
7. Don't turn left here. ____________________
8. Don't try on the red dress. ____________________

ОТВЕТЫ

1. Don't trim my beard. **2.** Don't bring me any wine. **3.** Don't close the door. **4.** Don't carry the suitcase. **5.** Give me more soup. **6.** Wash the clothes. **7.** Turn left here. **8.** Try on the red dress.

21 The Newsstand and the Office Supply Store

(NUS-tend)

Газетный киоск и канцелярские товары

newsstand
газетный киоск

office supply store
канцелярские товары

(to-BAK-o)
tobacco store
магазин "Табак"

AT THE NEWSSTAND

У киоска

YOUNG MAN **Excuse me. Do you have newspapers in Russian?** *(NUS-pei-perz)*

OWNER **Yes, we have several from Moscow and St. Petersburg.**

YOUNG MAN **I would also like to buy some postcards.**

OWNER **Here are some nice views of the city.** *(vyuz)* виды

YOUNG MAN **Do you sell airmail stamps?** авиа-марки

OWNER **No, but you can buy them at the post office.**

newspaper
газета

YOUNG MAN **And cigarettes? I would like to buy a pack of American cigarettes.**
(a pack — пачка)

OWNER **You can get them at the grocery store or at the tobacco shop.**

YOUNG MAN **And do you have some magazines with photos (*FO-tos*)? *People,* for example? It is not for me; it is for my grandfather.**

(*ma-ga-ZIN*)
magazine
журнал

____

OWNER **Yes, of course.**
(of course — конечно)

YOUNG MAN **I will take the newspaper, the postcards, and the magazine. How much do I owe you?**
(I will take — я возьму; How much do I owe you — сколько с меня)

postcards
открытки

____

OWNER **Three dollars even (*I-ven*). Thank you, and have a nice day.**
(even — ровно)

(*EIR-meil*)
airmail stamps
авиа-марки

____

a pack of cigarettes
пачка сигарет

____

Послушайте еще раз наш разговор. Потом заполните пропуски правильными выражениями.

1. YOUNG MAN Excuse me. Do you have ______________ in Russian?
2. OWNER Yes, we have several from ______________ and ______________.
3. YOUNG MAN I would also like to buy some ______________.

ОТВЕТЫ

1. newspapers **2.** Moscow, St. Petersburg **3.** postcards

4. OWNER — Here are some ____________ ____________ of the city.

5. YOUNG MAN — Do you sell airmail ______________?

6. OWNER — No, but you can buy them at the _______ _______ on the corner.

7. YOUNG MAN — And cigarettes? I would like to buy a _______ of American ______.

8. OWNER — You can get them at the grocery store or at the ________ ________.

9. YOUNG MAN — Do you have some __________ with photos? *People,* ________ ________. It is not ________ me; it is for my ________.

10. OWNER — Yes, _____ _____.

11. YOUNG MAN — I will _____ the newspaper, the postcards, and the magazine. How much ______ ______ ______ ______?

AT THE OFFICE SUPPLY STORE

Канцелярские товары

If I need a ballpoint pen *(BOL-point)* [ручка] **and a pencil** [карандаш]**, I go to the office supply store. If I want to write a letter** [письмо]**, I use stationery** [бумага для писем]**, and I put the letter in an envelope** *(EN-ve-lop)* [конверт]**. They also sell notebooks** *(NOT-buks)* **at the office supply store. I can write notes in a notebook** [тетрадь] **or on a notepad** [блокнот]**.**

ballpoint pen
шариковая ручка

____

pencil
карандаш

____

ОТВЕТЫ

4. nice views **5.** stamps **6.** post office **7.** pack, cigarettes **8.** tobacco shop
9. magazines, for example, for, grandfather **10.** of course **11.** take, do I owe you

stationery
бумага для писем

____

envelope
конверт

____

(rep) *(PEK-ech)* *(teip)*
If I want to wrap a package, I need tape, string, and wrapping paper.
завернуть пакет бумага

In order to ask for something, I say, "I would like to buy...," or
чтобы попросить чего-нибудь

"Excuse me, do you have...?"

notepad
блокнот

____

notebook
тетрадь

____

tape
скотч

____

string
шпагат

____

Ответьте на вопросы о канцелярских товарах.

1. Чем Вы обычно пишете?

   A ________________ and a ________________

2. На чем Вы пишете письма?

   On ________________________

3. Что Вам нужно чтоб завернуть пакет для почты?

   I use ____________, ____________, and ____________

ОТВЕТЫ

1. ballpoint pen, pencil **2.** stationery **3.** wrapping paper, tape, string

4. Во что Вы кладете письмо?

In an ______________________________

5. На чем или в чем можно писать Ваши воспоминания о поездке?

In a _______________ or on a _______________

В английском, надо знать два глагола, когда Вы просыпаетесь и встаете.

TO WAKE UP просыпаться	
I wake up я просыпаюсь	we wake up мы просыпаемся
you wake up ты просыпаешься	you wake up вы просыпаетесь
he/she wakes up он/она просыпается	they wake up они просыпаются

TO GET UP вставать	
I get up я встаю	we get up мы встаем
you get up ты встаешь	you get up вы встаете
she/he gets up она/он встает	they get up они встают

ОТВЕТЫ

4. envelope **5.** notebook, notepad

Послушайте вопросы и потом ответьте на них.

1. What time do you wake up?

____

2. Do you eat breakfast when you get up?

____

3. What time do you get up on Sundays?

____

(E-si-li)

4. Do you wake up easily?

____

5. Do you like to get up early or late?

____

На следующей странице находится план нашего района. Русский турист, только что приехавший из Москвы, закурил свою последнюю сигарету. Он спрашивает у прохожего, как добраться до ближайшего магазина "Табак". Послушайте. Можете ли Вы указать куда и как надо идти?

Вашим пальцем проведите маршрут нашего друга.

1. ____________________ (Идите) **to the right along this street to the corner where the dry cleaner is.**
   (по этой улице)

2. **Then,** _____________ (поверните) **to the left and** _____________ (идите) **straight ahead. At the first intersection there is a pharmacy.**
   (прямо) *(a-HED)* *(in-ter-SEK-shon)*

3. _____________ (Пройдите) **the pharmacy and** _____________ (продолжайте) **one block to the next intersection.**
   (квартал)

4. **Then** ___________________ (поверните) **right.**

5. **At the next corner,** _________________ (идите по) **the street on the left.**

6. ___________________ (Идите) **straight ahead.**

7. _______________ (Поверните) **to the left at the first intersection and** _______________ (продолжайте) **to the end of the street. The tobacco shop is on the corner at the left.**

ОТВЕТЫ

1. Go **2.** turn, walk **3.** Pass, continue **4.** turn **5.** take **6.** Walk **7.** Turn, continue

22 The Jeweler and the Watchmaker

Ювелир и часовщик

THE JEWELER

Ювелир

JEWELER **How can I help you, sir?**

(BREI-slet)

CUSTOMER **I would like to buy something for my wife. A bracelet or perhaps a gold ring.**

браслет или пожалуй золотое кольцо

JEWELER **I can show you these bracelets and these silver rings.**

CUSTOMER **No, I don't like silver; I prefer gold.**

серебро

(NEK-les)

JEWELER **Are you interested in a pin? Or, perhaps a necklace.**

брошь ожерелье

(Ir-ringz)

CUSTOMER **No.... Can you show me some earrings?**

серьги

(SER-ten-li)

JEWELER **Certainly. Perhaps you would like these pendant earrings.**

брелок

(chein) (tu)

CUSTOMER **Yes, and a ring and a gold chain, too.**

цепочка

JEWELER **Excellent—the earrings, this ring, and this chain all match.**
(mech)
подходят

CUSTOMER **Very good. I'll take them. How much do I owe you?**
я их возьму

JEWELER **$500.**

CUSTOMER **$500! Thank you anyway.**

Запишите для практики новые слова в пропусках.

bracelet
браслет

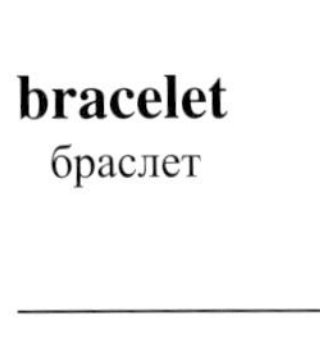

____

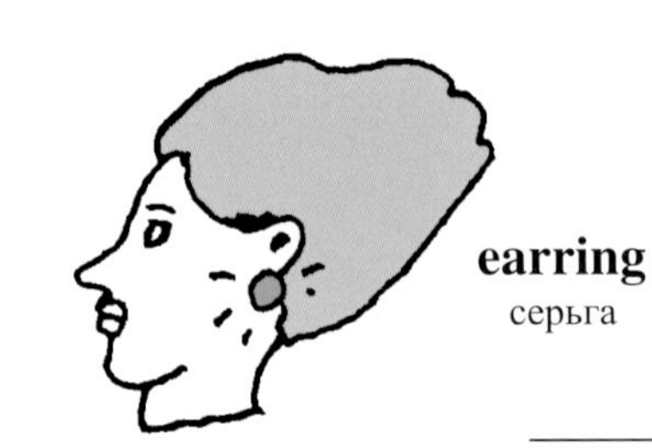

earring
серьга

____

(broch)
pin, brooch
брошь

____

pendant earrings
серьги с брелком

____

necklace
ожерелье

____

chain
цепочка

____

ring
кольцо

____

Вы можете ответить по-английски на вопросы?

(UI-men) *(FIN-guerz)*
1. Can you name the jewelry women wear on their fingers?

____

2. What do women wear on their ears?

____

3. What two things do women wear around the neck?

____

(rist)
4. What is worn on the wrist?

____

THE WATCHMAKER

Часовщик

alarm clock
будильник

____

wristwatch
наручные часы

____

ОТВЕТЫ

1. rings **2.** earrings **3.** necklace, chain **4.** bracelet

watchmaker
часовщик

watchmaker's shop
ремонт часов

Напишите новые слова и выражения. Потом запишите полные предложения в пропусках.

(ri-PER)
Can you repair this watch?
чинить

(klIn)
Can you clean it?
чистить

My watch is fast.
Мои часы спешат.

(slo)
My watch is slow.
Мои часы отстают.

(stapt)
My watch stopped.
Мои часы стоят.

My watch doesn't work.
Мои часы не работают.

The Beginning and the End of the Day

Начало и конец дня

TO WAKE UP = просыпаться

TO GET UP = вставать

TO GO TO BED = ложиться спать

TO GO TO SLEEP = засыпать

I wake up every morning at six o'clock.
I don't get up until seven-thirty.
I usually go to bed at eleven o'clock.
I usually go to sleep (fall asleep) before midnight.

Ответьте на вопросы.

1. When do you usually wake up in the morning?

____

2. Do you go to bed when you are sleepy?

____

3. Do you go to bed at the same time every day?

____

Прочитайте следующий текст. Вы все понимаете?
Спишите в тетрадь для практики.

My wristwatch doesn't run well. One day it is fast, the next day it is slow.

(uaind)
Today it stopped completely and I can't wind it. I am going to take it to
заводить — относить

the watchmaker's and the watchmaker will repair it. He will also clean it.

(ri-SIT)
If I have to leave it, the watchmaker will give me a receipt.
оставлять — чек

ОТВЕТЫ

1. I usually wake up at ________ o'clock. **2.** Yes, I go to bed when I am sleepy.
3. Yes, I go to bed (No, I don't go to bed) at the same time every day.

1. Мои часы плохо идут; в один день они спешат, в другой они отстают.

   My watch doesn’t __________ well; one day it __________, the next day it __________.

2. Как сказать, что часы спешат?

   My watch ______________________.

3. Как Вы объясните, что часы стоят, что они не работают.

   My watch has ______________________.

4. Если часы не электронные, их надо заводить каждый день.

   I ______________________________.

5. Куда Вы относите часы на ремонт?

   I take my watch to ____________________.

6. К кому Вы обращаете, когда часы не работают?

   ____

7. Что он Вам даст, если Вы оставите у него дорогие часы.

   He gives me a ______________________.

ОТВЕТЫ

1. run, is fast, is slow **2.** is fast **3.** stopped, is broken
4. wind it **5.** the watchmaker’s **6.** the watchmaker **7.** receipt

23 The Gift Shop, Musical Tastes,
Магазин Подарки Музыкальные склонности

The Photography Shop
и Магазин Фотография

AT THE GIFT SHOP

SALESMAN **Can I help you?**
Можно вам помочь?

TOURIST **I am looking for a gift... something typically American, a**
типичное американское
(su-ve-NIR)
souvenir from the United States.
сувенир

SALESMAN **For a man or a woman?**

TOURIST **For a woman.**

too expensive!

SALESMAN **Perhaps a scarf? A leather purse? Perfume?**
шарф сумка из кожи духи

TOURIST **How much is the silk scarf?**

SALESMAN **Fifty dollars.**

TOURIST **Can you show me another? A less expensive one?**

SALESMAN **Of course. This cotton scarf costs much less—$12.**
конечно

TOURIST **That is still too much!**
еще

SALESMAN **But, madam, in your country a scarf like this one would cost**
(tuais)
twice as much. You can sell it and you will double your money!
два раза удваивать

TOURIST **In that case, I am going to take a dozen!**
В том случае

gift
подарок

Запишите слова курсивом в пропусках.

rug
ковер

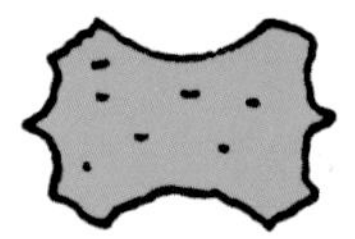

____

silverware
приборы из серебра

____

scarf
шарф

____

ring
кольцо

____

purse
сумка

____

wallet
бумажник

____

painting
картина

____

charm
брелок

____

key ring
кольцо для ключей

____

receipt
чек

____

perfume
духи

____

MUSICAL TASTES

музыкальные склонности

Mr. Smirnov likes classical music very much, but he doesn't have enough money to go to concerts.
деньги концерты
Every day he downloads music files of his favorite composers
каждый день загружает файлы музыки
and goes to a park. He listens through his headphones and
слушает наушники
then returns home very happy.

(NEI-bors)
However, when he gets there, he hears another kind of music coming from his neighbor's
Однако туда (домой) выходит сосед

(rak) (grup) (NAIT-mer)
house. It is his neighbor's son's rock group. This is a nightmare for poor Mr. Smirnov,
группа кошмар

who is a fan of Mozart and Beethoven.
любитель

music store
магазин пластинок/музыки

____

radio
радио

____

television
телевизор

____

CD player
CDплеер

____

videocassette recorder
видеоплеер

____

iPod
iPod

____

video cassette
видео кассета

____

computer
компьютер

____

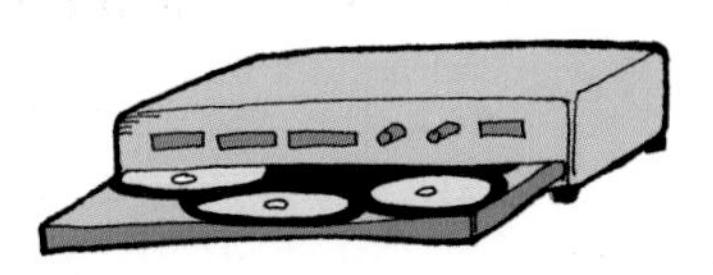

DVD player
DVDплеер

____

laptop computer
ноутбук

compact disc (CD)
компакт-диск

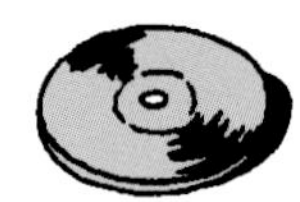

classical music
классическая музыка

popular music
популярная музыка

Глагол "слушать" **to listen/to listen to** употребляется в двух формах. Когда Вы слушаете кого-то или что-то, слово **to** употребляется. **I listen to my father.** Слово **to** не употребляется после глагола без подлежащего.

Например: **I like to listen to my teacher, and I always listen very carefully.**

Ответьте **TRUE** или **FALSE.**

1. Mr. Smirnov likes rock music. ________________
2. Mr. Smirnov is very rich. ________________
3. Every Saturday he goes to the grocery store. ________________
4. On Saturdays he listens to classical music. ________________
5. Mr. Smirnov goes to many stores every week. ________________
6. Mr. Smirnov returns home very happy. ________________
7. When he returns home he hears his favorite music. ________________
8. His neighbor's son has a rock group. ________________

ОТВЕТЫ

1. False **2.** False **3.** False **4.** True **5.** False **6.** True **7.** False **8.** True

Молодежь по всему миру любит рок-музыку **(rock music).** На концертах популярных групп собираются тысячи любителей **(fans).**

Но для некоторых рок-мызыка играет слишком громко и быстро. Они предпочитают медленную спокойную классическую музыку.

Do you like rock music?

Or do you prefer classical music?

SALESMAN **What can I do for you?**

OLD MAN **I would like to buy a hit song. It is for my grandson.**
хит внук

SALESMAN **Does he like classical music? Country music? Or is he a rock fan?**

OLD MAN **He likes only rock music.**

SALESMAN **Then you should get this CD.**

It is a big hit with young people this year.

OLD MAN **OK, I am going to take it...but, personally, I can't stand that**
лично терпеть

kind of music! They always play it
играют

(laud) *(IR-mafs)*
too loud! Oh, do you also sell earmuffs?
слишком громко наушники

THE PHOTOGRAPHY SHOP

Фотография

Поездка без фотографий—не поездка. Давайте возьмем с собой фотоаппарат и будем все снимать.

OLD TOURIST **Can you develop this roll of film?** *(di-VEL-op)* проявлять пленку

SALESMAN **Do you want slides?** *(slaidz)* диапозитивы/слайды

OLD TOURIST **No, only prints.** отпечатки

SALESMAN **You can come by to pick them up the day after tomorrow. Here is your receipt.** заходить, послезавтра

OLD TOURIST **I would also like to buy a roll of 35 millimeter film with 24 exposures. There are so many pretty girls on the street today and I want to take their pictures! I am going home now to look for my camera.** 35-миллиметровая, *(ex-PO-zhers)*, так много красивых девушек, *(PIK-chers)* снимать/фотографировать

photographer

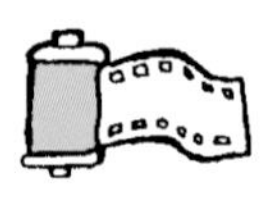

film
пленка/фильм

print
отпечаток

enlargement
увеличение

slides
слайды

camera
фотоаппарат

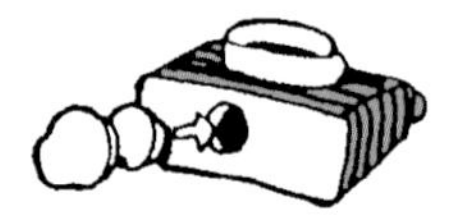

battery
батарейка

photo shop
фотоателье

____

Let's . . .

Давайте

По-английски выражения **Let's (let us)** соответствует русскому Давай/давайте.

Let's go for a walk.

Употребите **let's** в следующих предложениях.

1. Давайте купим газету.

____

2. Давайте поедем на поезде.

____

3. Давайте сфотографируем.

____

ОТВЕТЫ

1. Let's buy a newspaper. **2.** Let's take a train trip. **3.** Let's take pictures.

24 The Shoemaker and the Optometrist

Сапожник и оптик

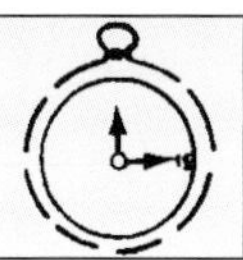

(a-KUEIN-ted) *(UO-king)*
To get acquainted with a foreign city you have to do a lot of walking. For example, you
знакомиться иностранный город ходить пешком

might want to visit the important monuments in different parts of the city. These are things

(a-PRI-shi-eit)
that you cannot appreciate fully from a bus or a taxi. Since you have to walk so much, you
оценивать полностью

must wear a comfortable pair of shoes. If your feet hurt, how can you walk a lot? In this
удобные туфли или ботинки ноги болят В этом

(keis)
case, you have to talk to the shoemaker.
случае сапожник

Ответьте **TRUE** или **FALSE:**

1. To get acquainted with a foreign city, it is necessary to run (бегать) a lot. __________________
2. The important monuments are all in the same part of the city. __________________________

ОТВЕТЫ

1. False **2.** False

3. It is good to get acquainted with a city by bus. ______________________

4. In order to walk a lot, you must wear comfortable shoes. ______________________

5. The shoemaker works in the bakery. ______________________

AT THE SHOEMAKER'S

у сапожника/ремонт обуви

shoemaker
сапожник

shoelace
шнурок

sandal
сандалия

shoes
обувь

WOMAN **Good afternoon. Can you repair this shoe? The heel is broken.**

SHOEMAKER **No, I'm sorry, but it is plastic and it is impossible to repair it. I can put another heel on it, if you want. When do you need these shoes?**
(*SA-ri*) sorry — мне жаль; put another — заменять; heel — каблук

WOMAN **Tomorrow, if possible. I am only going to be here until the day after tomorrow. I am a tourist.**

SHOEMAKER **Come back tomorrow, after 4:00 but before 8:00. I close at 8.**
after — после; before — до; close — Закрываю

By the way, how is it possible to break a heel like this?
By the way — Впрочем; break — разбивать

ОТВЕТЫ

3. False **4.** True **5.** False

WOMAN **I am a folk dancer, and at times I stamp my feet too hard!**
иногда ноги слишком крепко

Перечитайте текст и вставьте пропущенные слова.

1. The woman's ___________________ is broken.

2. The broken heel is made of ___________________.

3. The shoemaker cannot ___________________ the broken heel.

4. The woman will only be in the city until _________ _________ _________ _________.

5. She must pick up her shoes tomorrow ___________________ 4:00.

6. The shoemaker ___________________ the store at 8:00.

7. The woman is a folk ___________________.

8. At times she stamps her feet too ___________________!

Пересмотрите начало урока. Какие три нужные вещи можно купить у сапожника?

_______________________, _______________________, _______________________.

ОТВЕТЫ

1. heel **2.** plastic **3.** repair **4.** the day after tomorrow
5. after **6.** closes **7.** dancer **8.** hard
shoelaces, sandals, shoes

AT THE OPTOMETRIST'S

У оптика/ремонт очков

optometrist	**broken glasses**	**lens**	*(freim)* **frame**
оптик	разбитые очки	линза	рамка

TOURIST **The frame and one of the lenses are broken. Don't you see?**

(kam) (daun)

OPTOMETRIST **Very well. Calm down. You can sit down here. I can repair your**
Успокойтесь сесть

(fyu) (pre-SKRIP-shen)

glasses in a few minutes if you have the prescription for the lenses.
несколько рецепт

(on-FOR-chu-net-li)

TOURIST **Unfortunately, I don't have the prescription.**
К сожалению

OPTOMETRIST **Then, I am sorry, but I cannot help you. Don't you have**
я не могу вам помочь

(AI-gles-es)

other eyeglasses or contact lenses?

TOURIST **Other glasses, no—but I do have a contact lens. But only one lens!**
Но

OPTOMETRIST **Then you can put the contact lens on one eye and close the**
один глаз

other eye! That way you will see well.

ESSENTIAL SERVICES

Бытовые услуги

25 The Bank

Банк

В американском долларе 100 **cents** (центов) = 1 **dollar** (доллар)

Все американские доллары/купюры одинаковы по размеру и цвету—они зеленые. Поэтому очень важно обратить внимание на цифру в четырех углах. Американцы знают купюры по лицам своих президентов.

Следующие купюры Вы встретите: $1, $5, $10, $20, $50, $100. Есть купюра в $2, но ее не любят, и Вы ее наверно не увидите.

PETER **When I buy things, I always give the clerk a bill, and he gives me change. Now I have all these coins, and I don't know how much money I have!**

PAUL **Well, let's count the coins. Then you will know.**

PETER **These big silver ones are quarters. I know them, because you use them in the telephones.**

(koinz) *(bilz)*

Coins and bills

монеты купюры

(sent) *(PE-ni)* **cent** or **penny**	=	**1 cent**
(NI-kel) **nickel**	=	**5 cents**
(daim) **dime**	=	**10 cents**
(QUAR-ter) **quarter**	=	**25 cents**
(DA-ler) **dollar**	=	**100 cents**

PAUL **Four quarters equal one dollar. You have eighteen quarters, so you have four dollars and fifty cents there.**

PETER **These silver ones in the middle are nickels. They are worth five cents, right?**

PAUL **Right. You need twenty of them to equal one dollar. How many do you have?**

PETER **I have only fifteen of these. That is...seventy-five cents!**

PAUL **And what about the small silver coins?**

PETER **These are dimes. There are ten dimes in a dollar. I have twenty-six of them, so I have two dollars and sixty cents.**

PAUL **And finally, the pennies. How many of them do you have?**

PETER **The clerk always gives me lots of pennies in change. Let's see.... I have forty-three pennies. That is forty-three cents.**

PAUL **Now, if we add it all together, you have eight dollars and twenty-eight cents.**

PETER **Let's take it to the bank and ask for bills instead. This change is too heavy!**

THE BANK, CURRENCY EXCHANGE, TRAVELERS' CHECKS

Банк, обмен валюты, дорожные чеки

Запишите главные слова для финанцовых дел.

People and Things

Люди и вещи

travelers' checks
дорожные чеки

____

bank employee
работник банка

____

cash
наличные

____

teller's window
окошко/касса

teller
кассир

____

money
деньги

____

(di-PA-zit)
deposit slip
приходный ордер

(uiZ-DRO-ual)
withdrawal slip
расходный ордер

____

loan
заем

____

manager
начальник отделения

____

checkbook
чековая книжка

____

bank
банк

____

How to . . .
Как

(eks-CHENJ)
exchange
обменять

(reit)
rate of exchange
курс

pay
платить

cash a check
получить наличные за чек

deposit
вкладывать

withdraw
брать (со счёта)

open an account
открывать счет

(sain)
sign
подписывать

Посмотрите на картины и ответьте на вопрос "что это".

1. the money
the cashier's windows

2. the checkbook
the cash

ОТВЕТЫ

1. the cashier's windows **2.** the checkbook

Mr. Ivanov has just arrived at the bank. He wants to deposit a $500 check in his account.
счет

Then he wants to exchange 20,000 rubles for dollars. The teller gives him a deposit slip, which he has to sign.
который

Выберите правильный вариант, чтобы ответить на вопрос.

1. Who has just arrived at the bank? — the teller, Mr. Ivanov
2. What does Mr. Ivanov want to do? — deposit money, withdraw money
3. What else does he want to do? — deposit 20,000 rubles, exchange 20,000 rubles
4. What does the teller give him? — a check, a deposit slip
5. What does Mr. Ivanov have to do? — sign it, leave

ATM
Automatic Teller Machine
Банкомат

ОТВЕТЫ

1. Mr. Ivanov **2.** deposit money **3.** exchange 20,000 rubles **4.** a deposit slip **5.** sign it

How do we say "have (has) just done something"?

Как сказать, "мы только что сделали".

TO HAVE + JUST + ФОРМА страдательного прошлого причастия.

Например:

I have just arrived.
Я только что приехал.

She has just eaten.
Она только что поела.

Запишите по-английски по образцу: **I have just eaten.**

Я только что пришел.

Мы только что купили дом.

Она только что ушла.

Вы только что говорили.

ОТВЕТЫ

I have just come. We have just bought a house. She has just left. You have just spoken.

26 The Post Office
Почта

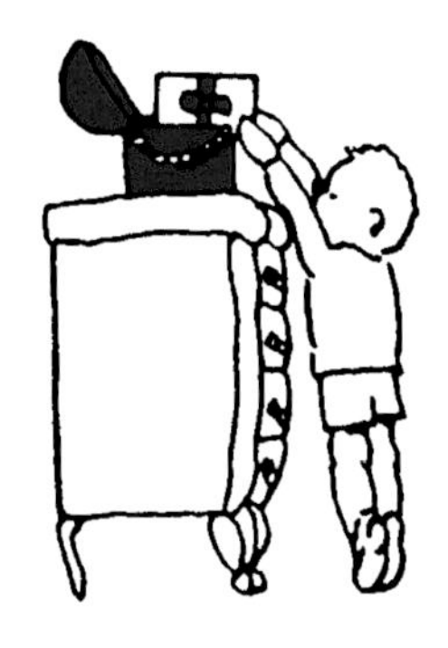

Joseph has a great ambition *(em-BI-shon)* in life *(laif)* жизнь. He wants to be a mailman *(MEIL-man)* почтальон. Every day Joseph pretends *(pri-TENDZ)* притворяется he is a mailman, but he has no letters to deliver. One day Joseph goes to his older sister's старшая сестра bedroom and he opens a открывает big box ящик full of strange things *(streinj)* странные вещи. There is a package of letters in the box. He takes them and he goes into the street in his mailman's uniform *(YU-ni-form)* форма. He goes from от door *(dor)* to door and he leaves one оставляет of the letters at each neighbor's house. When he returns home he tells his sister that he feels like a real *(rIl)* mailman now.

He explains объясняет to her that today all the neighbors have an interesting letter from her box. "But, how could you do that?" asks his sister.

"They are love *(lov)* letters любовные письма that my boyfriend *(BOY-frend)* друг/бойфренд Ralph writes to me!"

В Соединенных Штатах почта работает аккуратно и быстро. Внутри страны не надо послать авиапочтой. В дальние места письма автоматически посылаются самолетами. Если Ваше письмо должно обязательно быть на месте завтра, можно пользоваться **Express mail** или одной из частных компаний как **Federal Express.**

В последнее время, все чаще и чаще употребляют факс или электронную почту по персональному компьютеру. Когда Вы читаете эту книгу, кто знает какие другие возможности будут?

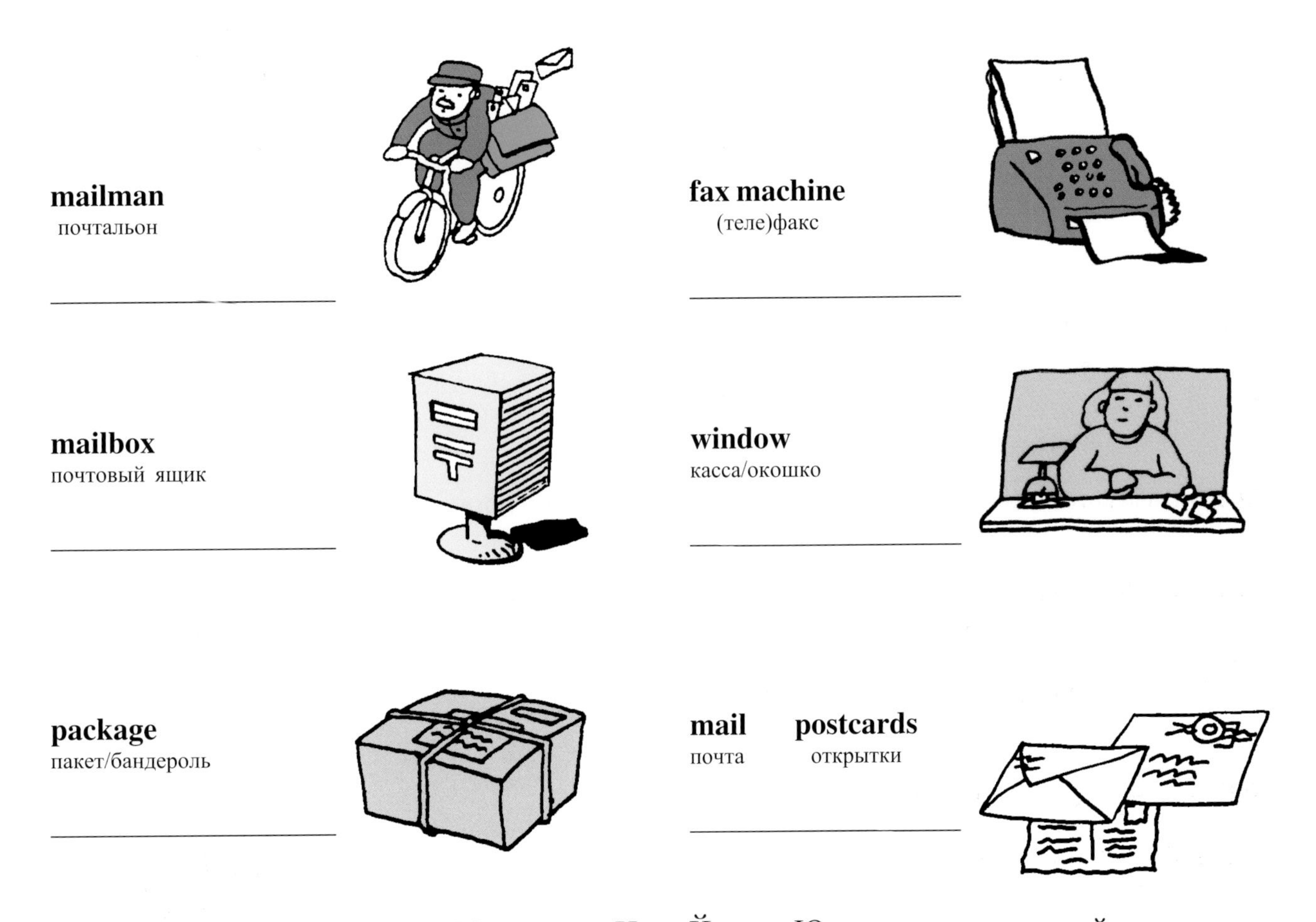

Ваня хочет послать пакет в Москву из Нью Йорка. Юля ему советует пойти на Главпочтамт на Восьмую Авеню и Тридцать вторую улицу.

VANYA **The package does not weigh** *(uei)* **much, but it is very big. Are they going to charge me** *(charj)* (брать) **a lot of money to send it?** (посылать/отправлять)

JULIA **You are sending it by airmail, aren't you?**

VANYA **No.**

JULIA **Then, it is not going to cost you too much, but it is not going to arrive very soon!**
(a-RAIV) прибывать

VANYA **When will it arrive?**

JULIA **In six weeks, more or less.**
более или менее

VANYA **But it is a wedding gift for my sister and she is getting married in two weeks!**
(UED-ing) подарок на свадьбу; выходить замуж

JULIA **What kind of gift is it?**

VANYA **It is a joke. It is a package of diapers ... I want to be an uncle very soon!**
шутка; *(DAI-pers)* пакет пеленок

JULIA (laughing) **Don't worry. I think that your package will get there with plenty of time to spare.**
(UA-ri) волнуйтесь; *(PLEN-ti)*; *(sper)* во время

Прочитайте наш разговор еще раз и потом вставьте пропущенные слова и выражения.

The ___________ doesn't ___________ too much, but it is very big. Are they going to charge me a lot to ___________?

Are you going to send it by ___________?

No.

Then it is not going to cost you ___________, but it is not going to arrive very ___________.

___________ is it going to arrive?

In six weeks ___________ or ___________.

But it is a __________ gift for my sister and she is __________ __________ in two __________.

What ___________ of gift is it?

It is a ___________. They are diapers ... I want to be an ___________ very soon.

Don't ___________. I think that your package is going to be there with time to ___________.

Vanya and Julia enter the post office and they go to the window to mail packages.

VANYA (работнику почты) **I would like to send this package by ship to Russia**
отправить пароходом
and I don't want to insure it.

EMPLOYEE **First you have to fill out this form. Write your first name, last name, and**
заполнять эту анкету
your address.

(PO-stej)
(The employee weighs the package on the scale and Vanya pays the postage.)
на весах платить названную сумму

VANYA **Can you sell me some airmail stamps?**

EMPLOYEE **Yes, of course.**

JULIA **Are you sending postcards to your friends in Russia?**

(LEI-ter)
VANYA **I am going to do that later. First I want to see if there are letters in my post**
потом
office box. I am waiting for a very important letter. If I am going to stay here
оставаться здесь
longer, I need a check from my father!

Ответьте на вопросы, употребляя слова из нашего разговора.

1. Если Вы хотите послать пакет, куда надо идти?
   To the ____.
2. Как сказать по-английски, что Вы хотите послать через океан простой почтой?
   I want to mail this package by ____________________________.
3. Что нужно заполнить, чтобы отправить пакет за границу?
   A ____.

ОТВЕТЫ

1. package window **2.** ship **3.** form

Найдите в каждой группе слово, которое не подходит.

1. letters, postcard, package, office
2. mailman, bank, mailbox, post office
3. cash, coins, postcard, bills
4. dimes, quarters, nickels, stamps
5. mailman, stamps, teller, mail

Ответьте на вопросы.

1. Where do you buy stamps? At the ______________________________ .
2. Where do you cash travelers' checks? At the ______________________________ .
3. Where do you mail letters? In a ______________________________ .

How we say "to try" to do something

Как по-английски "стараться"

To try = стараться

I try	we try
you try	you try
he / she / it } *(traiz)* tries	they try

TO TRY + ИНФИНИТИВ ДРУГОГО ГЛАГОЛА

Например: *(TRAI-ing)* **I am trying to learn a lot* of English.**
Я стараюсь учиться хорошо (*много) английскому.

We try to understand the lesson.
Мы стараемся понимать урок.

Заметьте, что форма третьего лица (он/она/оно) **tries** кончается **-ies.**

ОТВЕТЫ

1. office **2.** bank **3.** postcard **4.** stamps **5.** teller **Вопросы: 1.** post office **2.** bank **3.** mailbox

Вы понимаете следующие предложения? Постарайтесь!

Try to do it!
They try to drink a lot of water.
Ralph tries to ask a question.
We always try to tell the truth.
правда
I try to arrive early.

Ответьте на вопросы полными предложениями по-английски. Выпишите Ваши ответы.

1. Do you always try to tell the truth?

____.

2. Do you try to go to bed early?

____.

3. Does she try to learn English?

____.

Ответьте на вопросы отрицательно.

1. Do you study German?

____

2. Do you get up at six o'clock?

____

3. Do you eat steak and potatoes for breakfast?

____

ОТВЕТЫ

1. Yes, I always try to tell the truth. **2.** Yes, I try to go to bed early. **3.** Yes, she tries to learn English.
Отрицания: 1. No, I don't study German. **2.** No, I don't get up at six o'clock.
3. No, I don't eat steak and potatoes for breakfast.

27 Telephone Service

Телефон

HELLO

Алло!

Телефон в Америке является дешевым и любимым средством общения. Если Вам позвонили, поднимите трубку и скажите просто **Hello** или **Hi.** Обычно человек, который звонит, должен представиться. **Hello, this is John** or **my name is Tom Brown.** В офисах Вы услышите вежливые **Good morning** или **Good afternoon.**

Запишите следующие слова и фразы.

to dial
набирать номер

____

busy
занят

____

I can't hear.
Я не слышу.

____

operator
телефонист/ка

____

(heng)
to hang up
класть трубку

____

public telephone
таксофон/телефон-автомат

____

call
звонить

____

a local call
местный звонок

____

long-distance call
междугородный звонок

____

person-to-person
на человека

____

(TE-le-fon)
telephone
телефон

____

(rong)
wrong number
не туда попали

____

(ko-LEKT)
collect call
оплата получателем

(foun)
cell phone
сотовой телефон

directory assistance
справки

telephone booth
телефонная кабина

Borya and Anna would like to visit their relatives in

(*fon*)
New York. First, Borya has to call them on the phone.
звонить по телефону

BORYA *(прохожему)* **Can you tell me where I can find a**
(*PAB-lik*)
public telephone?

PASSERBY (прохожий) **There is a telephone booth on the next corner.**

(*chenj*)
BORYA *(Анне)* **I am going to get change in this bar.**
разменять

They both go to the telephone booth and Borya gets on the phone. He dials "0"
(*PLEI-ses*)
for the operator, talks to her, and places some coins in the slot. The operator connects him with his uncle's house.

UNCLE **Hello...**

BORYA **Uncle Joseph, it's me, Borya.**
это я*

UNCLE **Hello, Borya. Are you in New York again?**

BORYA **Yes, uncle. Anna and I are coming to your house this afternoon.**

UNCLE **Very well. Aunt Josephine and I are going to be here all afternoon.**

BORYA **Fine, uncle. See you soon!**
до скорого

*Грамматически правильно **It's I.** Но почти всегда в разговоре **It's me.**

В городе Нью Йорк все спешат. Поэтому очень часто Вы видите людей в разговоре по-телефону—и в последнее время все больше и больше говорят на сотовых телефонах: **cell(ular) phones.** Боря должен позвонить дяде и узнать, получил ли он билеты на бейсболный матч сегодня вечером. Выйдя из метро, Боря видит телефонную будку, берет трубку, набирает номер, но плохо слышно. Он говорит "Алло", но не слышно. Он решает позвонить из другого телефона. Он опять опускает монеты, звонит еще раз и радостно узнает, что дядя получил билеты!!

Выберите правильный вариант.

1. Borya wants
   - to dial.
   - to write to his uncle.
   - to make a phone call.
2. Borya can't
   - hear.
   - see.
   - open the door.
3. Before hanging up the receiver, Borya says
   - "Good afternoon."
   - "Hello."
   - "See you soon."
4. Borya places the coins in the
   - slot.
   - washing machine.
   - door.
5. Borya calls from
   - the hotel.
   - a telephone booth.
   - his house.
6. After talking to his uncle, Borya
   - dials the number.
   - hangs up the receiver.
   - goes to sleep.

Tag questions

Порядок слов в английском изменяется, когда нужно задать вопрос. Иногда в разговоре мы встречаем обычный порядок повествовательного предложения, плюс вопрос в форме **is he, isn't she.** Если предложение утвердительное, в вопросе есть отрицание **no/not.** Если в предложении есть отрицание **not,** то в вопросе его нет.

Например:

Is he late?	No, he's not late.
He isn't late, is he?	No, he isn't.
He's late, isn't he?	Yes, he is.
Are they late?	Yes, they are.
They are late, aren't they?	Yes, they are.
They aren't late, are they?	No, they aren't.

Прочитайте еще несколько примеров.

These are expensive, aren't they?
You aren't hungry, are you?
We aren't late, are we?

ОТВЕТЫ

1. to make a phone call. **2.** hear.
3. "See you soon." **4.** slot. **5.** a telephone booth. **6.** hangs up the receiver.

Вставьте пропущенные слова или фразы в ответ на вопрос.

1. Как называется телефонистка в гостинице, которая Вас соединяет по телефону?

   The ____________________.

2. Как по-английски "междугородный разговор"?

   A ____________________ call.

3. Где можно найти фамилии и номера телефона Ваших американских друзей?

   In the ____________________.

4. Что Вы скажете, если Вы не туда попали?

   Sorry, I dialed the ____________________.

5. Где можно найти телефон откуда любой может позвонить?

   The ____________________.

6. Что обычно говорят американцы, когда они поднимают трубку?

   ____________________.

7. Если у Вас нет денег, как Вы можете попросить, чтобы получатель платил за разговор?

   Make it a ____________________ call.

8. К сожалению телефон дома занят.

   The phone is as usual ____________________.

9. Попросите хозяина набрать для Вас номер.

   Please ____________________.

10. Обязательно надо говорить с начальником. Лучше позвонить на человека.

    Make this call ____________________.

ОТВЕТЫ

1. operator **2.** long-distance **3.** telephone directory
4. wrong number **5.** telephone booth **6.** Hello
7. collect **8.** busy **9** dial the number **10.** person-to-person

Вы помните старые выражения и слова?

1. Do you read many news magazines?
   новости
2. Do you remember your first teacher's name?
   учительница
3. How many times a week do you read the newspaper?
   в неделю
4. Do you remember the new words about the telephone?
   новые слова о телефоне

Найдите еще шесть слов связанных с телефоном.

F	E	T	E	L	E	P	H	O	N	E	Z	T	R
U	M	O	V	L	S	V	C	T	U	N	E	R	O
X	W	V	L	A	O	N	S	U	M	D	I	A	L
C	A	L	L	V	P	V	A	F	B	Z	L	O	P
C	R	N	T	L	E	K	L	C	E	V	A	E	T
H	V	A	E	T	R	Z	I	N	R	S	T	X	D
A	S	T	X	Z	A	L	T	X	M	W	L	A	V
R	U	R	U	D	T	D	M	E	A	S	H	G	M
G	L	S	V	K	O	C	S	B	O	O	T	H	R
E	M	P	B	X	R	N	U	D	K	V	L	O	Q

ОТВЕТЫ

dial, call, booth, charge, number, operator

28 *(DAK-tor)* *(DEN-tist)* *(HAS-pi-tal)*

The Doctor, Dentist, and Hospital

Врач, зубной врач, и больница

A CHECKUP

Медицинский осмотр

(hed)
head
голова

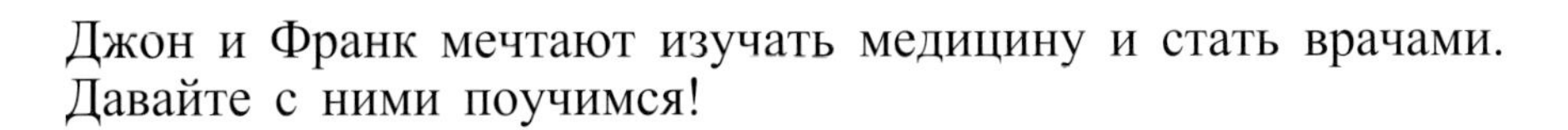

Джон и Франк мечтают изучать медицину и стать врачами. Давайте с ними поучимся!

JOHN **How many heads are there on the body?** *(BA-di)* тело

FRANK **Don't be silly! There is only one.** Не дурачься!

JOHN **What do you find on your face?**

FRANK **Well, you have your nose, your mouth, and your eyes, and above your eyes you have your eyebrows.** *(mauS)* *(eiz)* нос, рот, глаза; *(AI-braus)* брови

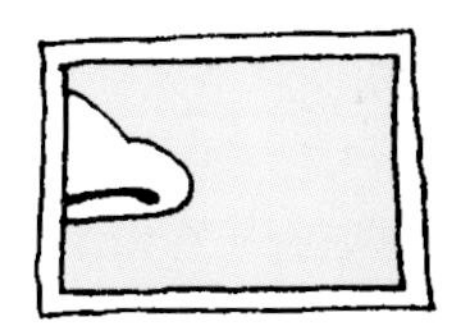

(noz)
nose
нос

JOHN **And now, tell me if you know, what do you have in your mouth?**

FRANK **You have your tongue and teeth.** *(tang)* язык; *(tIS)* зубы

(feis)
face
лицо

JOHN **How many teeth are there in your mouth?**

FRANK **Normally, there are thirty-two teeth in your mouth.**

(irz)
ears
уши

JOHN *(bi-TUIN)* **What do you have between your head and your body?**

neck
шея

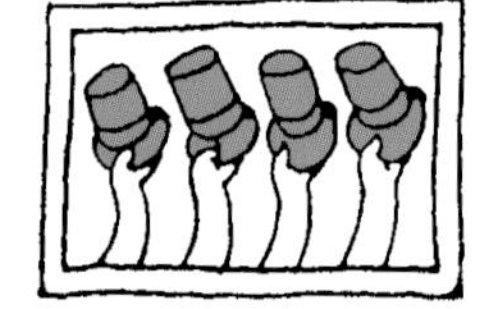

FRANK *(nek)* **You have your neck. Now, how many arms do you have?**

(armz)
arms
руки*

JOHN **An easy question: two.**

FRANK **What do you use to write?**
писать

(hendz)
hands
руки*

JOHN *(hend)* *(FIN-gerz)* **You use your hand and fingers.**
руки и пальцы

FRANK **How many fingers do you have on both hands?**

fingers
пальцы

JOHN **You have ten fingers.**

FRANK **What do you use to walk?**
ходить

(legz)
legs
ноги**

JOHN **You use your legs and feet.**

FRANK *(RI-li)* **John, we really know a lot!**

(fIt)
feet
ноги**

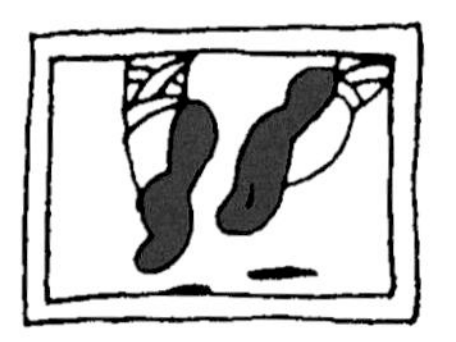

*Русское слово "руки" имеет два варианта: **hands and arms.**
Слово "ноги" соответстсвует английским словам **feet and legs.

(her)
hair
волосы

eyes
глаза

mouth
рот

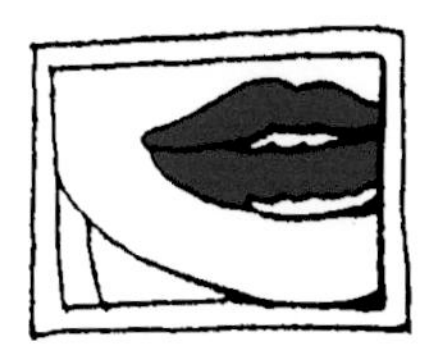

(SHOL-derz)
shoulders
плечи

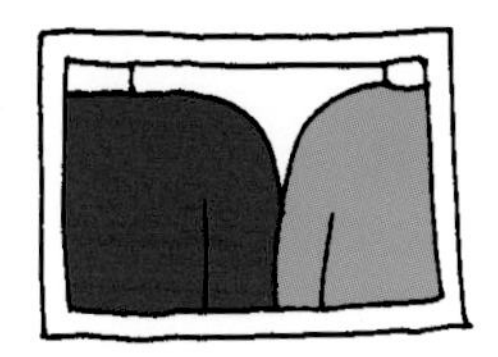

(MAS-tesh)
mustache
усы

eyebrows
брови

(chIks)
cheeks
щеки

(EL-bos)
elbows
локти

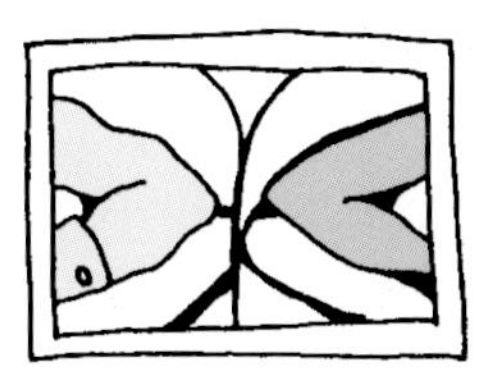

chest
грудь

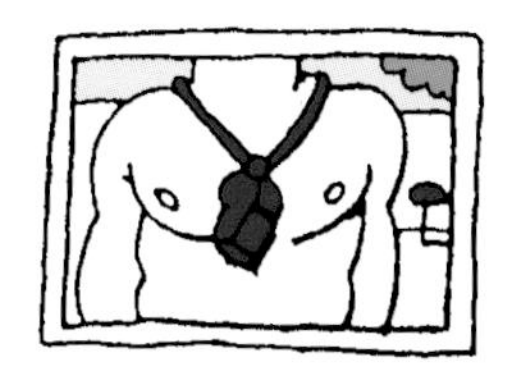

(AI-lids)
eyelids
веки

(FOR-hed)
forehead
лоб

(toz)
toes
пальцы ноги

(be-HAIND)
behind
заднее место

(nIz)
knees
колени

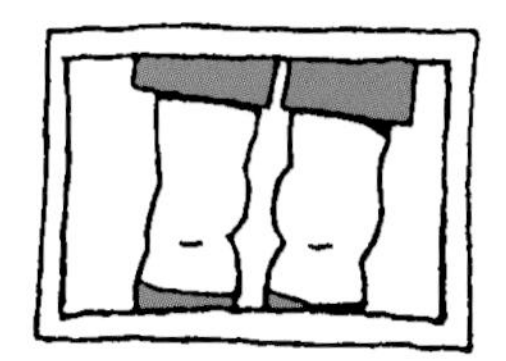

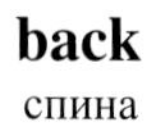

back
спина

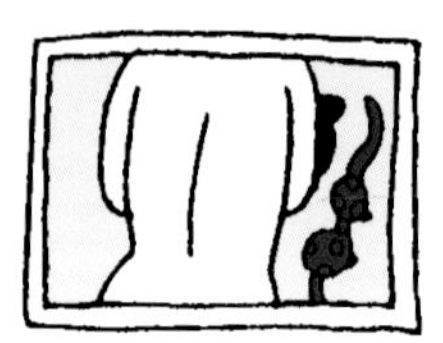

teeth
зубы

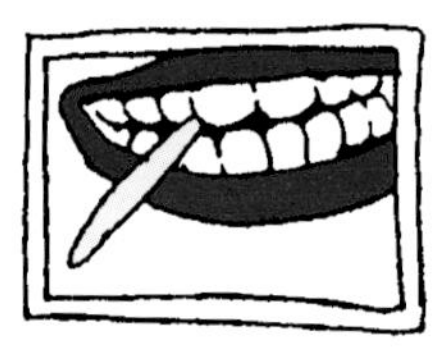

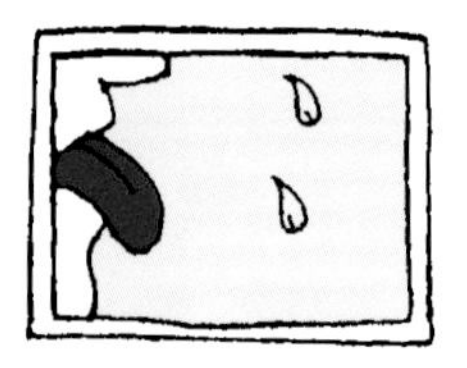

tongue
язык

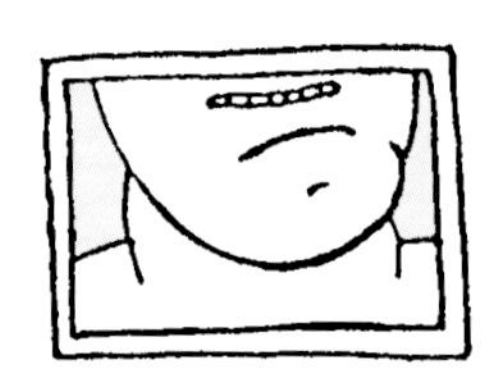

(chin)
chin
подбородок

(AI-lesh-ez)
eyelashes
ресницы

Заметьте, что на русском языке, слова для частей тела употребляются без прилагательного. В английском, чаще всего с ними находятся какое-то определенное местоимение, например **my, your, his.**

Выберите правильную форму:

1. The man has (ten, two, one) head.
2. (We see, We hear, We run) with the eyes.
3. The ears are (in front of, behind, on the sides of) the head.
4. The nose is on the (face, the hand, the feet).
5. The hands are at the ends of (the legs, the arms, the fingers).
6. We wear shoes on (the hands, the ears, the feet).

ОТВЕТЫ

1. one **2.** We see **3.** on the sides of **4.** face **5.** the arms **6.** the feet

Найдите слово в правой колонке, которое переводит слово из левой:

1. chest
2. back
3. your toes
4. forehead
5. tongue
6. shoulders
7. eyelids
8. knees
9. elbows
10. chin

a. лоб
b. веки
c. подбородок
d. плечи
e. локти
f. спина
g. грудь
h. язык
i. колени
j. пальцы ноги

Where do women put blush? On their ______________________________

Where do women put mascara? On their ______________________________

ОТВЕТЫ

1. g **2.** f **3.** j **4.** a **5.** h **6.** d **7.** b **8.** i **9.** e **10.** c cheeks, eyelashes

Whose?

Уей, чья, чье, чьи?

Части тела в английском всегда принадлежат кому-то:

my, your, her, his, our, their

Например: **I comb my hair.**

His foot hurts.

They wash their hands.

Как Вы скажете?

1. У меня болит горло. (Мое горло болит.)

   ______________________. (______________________.)

2. Петр чистит (свои) зубы.

   ______________________.

3. Мэри моет волосы.

   ______________________.

4. У него болят ноги. (Его ноги болят).

   ______________________.

Ответьте на вопросы по-английски.

1. Do your feet hurt when your shoes are too small?
2. Do you wear your hair very short?
3. Do you put your hat on your head?

ОТВЕТЫ

1. My throat is sore. (I have a sore throat.) **2.** Peter cleans his teeth. **3.** Mary washes her hair. **4.** His feet hurt.

OPEN WIDE

Откройте широко

(EKS rai)
X ray
рентгеновские лучи

filling
пломба

(FIL-ingz) *(FO-len)*
one of my fillings has fallen out
пломба выпала

(KA-ve-ti)
to fill a cavity
ставить пломбу

(pul)
to pull a tooth
удалять зуб

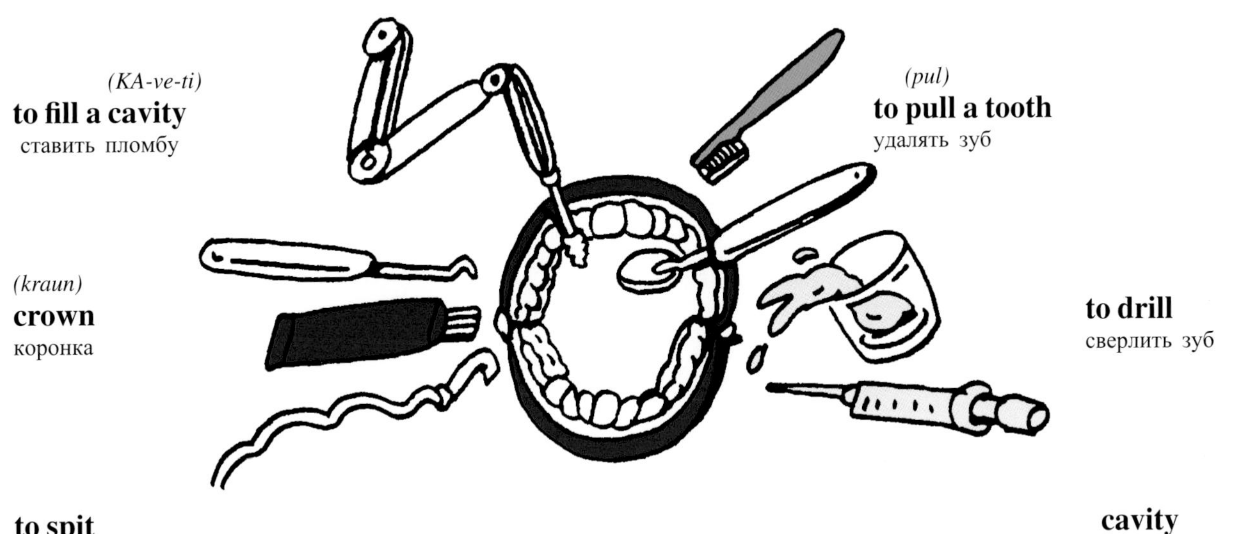

(kraun)
crown
коронка

to drill
сверлить зуб

to spit
выплевать

cavity
дупло

Dental Expressions

Выражения, которые используются у зубного врача

local anesthesia
наркоз

to clean the teeth
чистить зубы

(brij)
bridge
мост

THE DENTIST

Зубной врач/дантист

Masha has a toothache (болит зуб). She makes an appointment (посещение) with the dentist for two o'clock in the afternoon.

RECEPTIONIST **Good afternoon, madam. Do you have an appointment with the dentist?**

MASHA **Yes, at two o'clock. My name is Masha Smirnova.**

(rait) (a-UEI)
RECEPTIONIST **Dr. Ferguson will take care of you right away.**
придет сейчас

DENTIST **Miss Smirnova, please come in. What seems to be the problem?**

MASHA **I have a bad toothache.**

DENTIST **Do you have any cavities? Do you brush your teeth every day?**

Sit down, please. Do you floss your teeth? Where does it hurt?
чистите между зубами болит

(tord)
MASHA **On the right and toward the back.**
взади

DENTIST **Open your mouth, please. I am going to see. But, Masha, this is**

(DEN-churz)
incredible! You have dentures.
зубной протез

(for-GET-ing)
MASHA **Oh, yes. I keep forgetting! How much do I owe you?**

(kan-sul-TEI-shan)
DENTIST **Seventy dollars for the consultation.**
консультация

My head hurts
У меня голова болит*

*Выражение по-русски "у меня болит" заменяется английским: **something hurts.**

Например:

My throat hurts. (У меня горло болит.)

Mary's knees hurt. (У Мэри болят колени.)

Does your head hurt? (У тебя болит голова?)

SAY "AAH..."

Скажите "Ах!"

Medical Expressions

(HI-sto-ri)
medical history
медицинская история

(SPE-sha-list)
specialist
специалист

(JEN-er-al) (prak-TI-shan-er)
general practitioner
врач общей практики

(PEI-shent)
patient
больной/больная

to stick out your tongue
показать язык

(PRE-sher)
blood pressure
давление

weight
вес

(YU-rin) (SEM-pel)
urine sample
анализ мочи

blood count
анализ крови

surgeon
хирург

(IL-nes)
illness
болезнь

(MEI-jer) (SER-je-ri)
major surgery
серьезная операция

(blad) (tranz-FYU-zhan)
blood transfusion
переливание крови

anesthesia
наркоз

(MAI-ner)
minor surgery
маленькая операция

(helt') (in-SHU-rens)
health insurance
страхование

(ap-er-EI-shan)
operation
операция

recuperation
выздоровление

(me-di-KEI-shan)
medication
медикамент/лекарство

(in-JEK-shan)
injection
укол

(ri-KU-per-eit)
to recuperate
лечиться

medical records
медицинская карточка

____

(pre-SKRIP-shan)
prescription
рецепт

____

blood
(geij)
pressure gauge
прибор для
примерения давления

____

thermometer
термометр

____

Напишите для практики следующие предложения.

I need a general practitioner. _______________

(in-FEK-shan)
I have an infection in my throat. _______________

I can't breathe well. _______________
дышать

(STA-fi)
I have a stuffy nose. _______________
У меня нос заложен.

(chilz) *(FI-ver)*
Doctor, I have chills and a fever. _______________
мне холодно и у меня температура

(kof)
I cough a lot. _______________
кашляю

(pein)
I have pain in my chest when I breathe. ______________________________.
боль / У меня болит

I have a sore throat. ______________________________.

I am allergic to penicillin. ______________________________.

(kof)
Will you prescribe something for my cough? ______________________________.
прописывать от кашля

Ответьте на вопросы, пожалуйста.

1. Do you sit down when your feet hurt?

2. Do you sit down while you eat?

(uach) (TI-VI)
3. Do you sit down to watch TV?

4. Can you walk when you are seated?

ОТВЕТЫ

1. Yes, I sit down when my feet hurt. **2.** Yes, I sit down while I eat. **3.** Yes, I sit down to watch TV. **4.** No, I can't walk when I am seated.

29 Help!
Помогите!

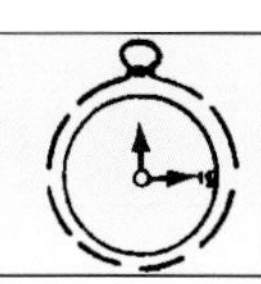

К сожалению, бывают несчастные случаи. Мы надеемся, что в поездке все будет благополучно, но на всякий случай, вот Вам некоторые важные выражения.

Обратите внимание на времена глаголов в следующих разговорах.

THE JUDGE (судья) **Did you break your husband's skull with the umbrella you are carrying in your hand?**
(breik) break — разбили

THE WIFE (жена) **Yes, Sir, but unintentionally.**
unintentionally — неумышленно

THE JUDGE **An accident, eh?**
(AK-si-dent)

THE WIFE **The accident is that I broke my umbrella.**
I broke — я разбила

TO CALL AN AMBULANCE
(kol) *(EM-byu-lens)*
Вызывать скорую помощь

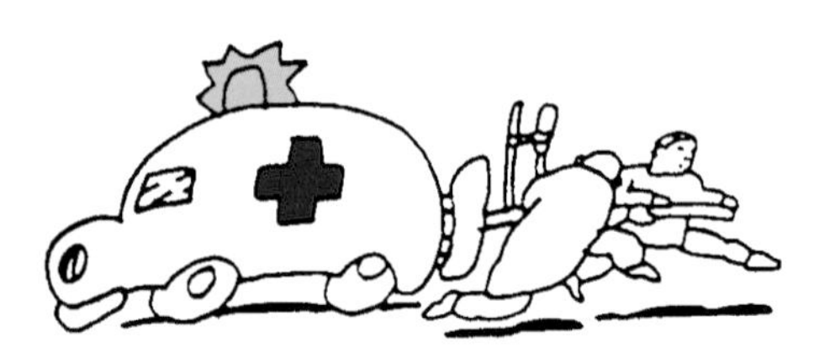

JOHN **I must be prepared for any emergency. If my wife suffers a heart attack and she has to go to the hospital, what do I have to do?**
(pri-PERD) *(i-MER-jen-si)* *(a-TEK)*
Я должен быть готов к любому несчастному случаю. — сердечный приступ

GEORGE **It is not difficult. The paramedics will take her to the hospital in an ambulance in a few minutes.**
paramedics — медики
(fyu) *(MI-nuts)*

JOHN **Do they have oxygen in the ambulance?**
(AKS-I-jen) oxygen — кислород

GEORGE **Of course. Also, they can give her a cardiac massage and check her pulse and blood pressure.**

(KAR-di-ek) (ma-SAJ) *(pols)*

массаж сердца — проверить — пульс — давление

JOHN **Very well. Then I don't have to worry.**

беспокоиться

GEORGE **Not at all.**

Совсем нет!

(po-LIS)

THE POLICE

Полиция

В больших городах полицейские принадлежат местным органам власти: **local police.** В каждом штате своя полиция: **state police.** На федеральном уровне есть специальные полицейские для парков, и т. д. и конечно знаменитый ФБР: **FBI.**

В любом случае крайней необходимости, наберите номер **911** из любого телефона и Вас присоединят с полицейскими и скорой помощью.

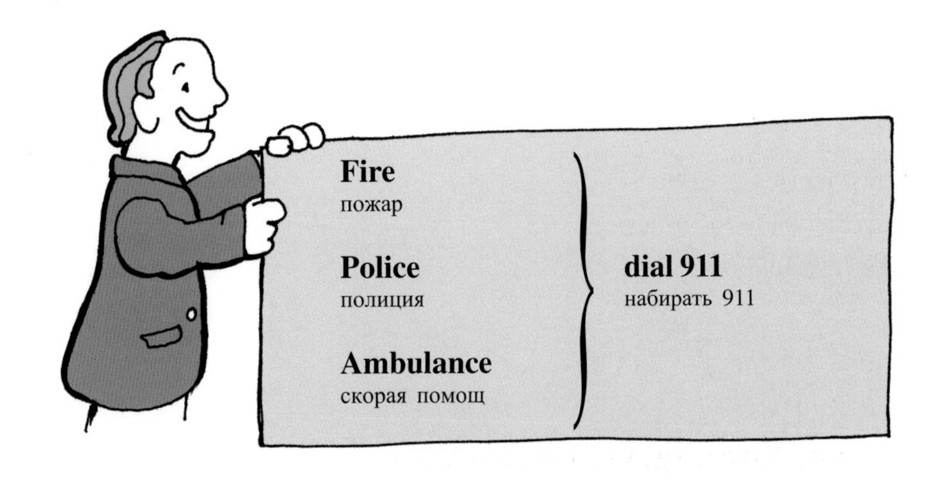

ДО ОТЪЕЗДА

Before leaving on a trip

Молодец! Вы уже знаете самое главное в английском языке. А теперь сделаем самый важный урок! Это урок-повторение.

В этом отделе Вы встречаете типичные моменты в жизни туриста или бизнесмена. В каждой секции есть вопросы и подходящие английские слова и выражения. Если Вам трудно, посмотрите в начало этой книги.

Всего Вам доброго и счастливого пути!

(GET-ing)

Situation 1: Getting to Know People

Давайте познакомимся!

1. Вы встречаете американца во второй половине дня, что Вы скажете?

   a. Good afternoon. ❑
   b. I will see you. ❑
   c. Good evening. ❑

2. Что Вы скажете хорошему другу при встрече?

   a. Say. ❑
   b. Hello. ❑
   c. What is your name? ❑

3. Вас спрашивают "Как дела"? Какие два ответа не подходят?

   a. I am an American. ❑
   b. At two o'clock in the afternoon. ❑
   c. Very well, thank you. ❑

ОТВЕТЫ

1: 1.a 2.b 3.a,b

Situation 2: Arrival

Приезд

1. Вы забыли забронировать номер.

   a. How are you, sir? ❑
   b. I don't have a reservation. ❑
   c. I live in the United States. ❑

2. Вы хотите номер в гостинице.

   a. I like the country. ❑
   b. I have just arrived. ❑
   c. I need a room. ❑

3. Спросите, сколько стоит номер.

   a. Where are the rest rooms? ❑
   b. How much is the room? ❑
   c. Is it a big room? ❑

Situation 3: Places of Interest

Достопримечательности

1. Вы знаете, где находится эта улица?

   a. Where is the post office? ❑
   b. When is the next bus coming? ❑
   c. Where is the street? ❑

2. Какие слова Вам нужны чтобы объяснить куда идти?

   a. I go to bed late. ❑
   b. Yesterday, today, tomorrow. ❑
   c. To the left, to the right, straight ahead. ❑

3. Вы едете в музей на автобусе. Где Вам выйти?

   a. How much is the fare, please? ❑
   b. Where do I get off for the museum? ❑
   c. Are you French? ❑

4. Вы опаздываете и хотите поехать на такси. Узнайте, сколько стоит эта поездка.

   a. Do you know where Park Avenue is? ❑
   b. Is Park Avenue very far away? ❑
   c. How much does it cost to go to Park Avenue? ❑

ОТВЕТЫ

2: 1.b 2.c 3.b 3: 1.c 2.c 3.b 4.c

5. Ваши часы в гостинице. Спросите прохожего, "который сеичас час".

a. Do you have a schedule? ❑
b. How is the weather? ❑
c. What time is it? ❑

6. Что он не скажет?

a. It is twenty minutes past two. ❑
b. It is a quarter to one o'clock. ❑
c. It costs a dime. ❑

7. На вокзале Вы хотите купить билет на поезд. Как это по-английски?

a. I want to learn English. ❑
b. Where is Chicago? ❑
c. I need to buy a ticket to New York. ❑

8. К сожалению Вы должны сделать пересадку.

a. You have to make a connection. ❑
b. It is very cold today. ❑
c. The luggage is in the baggage car. ❑

9. Объясните этому человеку, что Вы русская, и говорите только немножко по-английски.

a. I am Swiss and I speak German. ❑
b. I am Russian and I speak a little English. ❑
c. My wife takes Italian lessons. ❑

10. Чтоб узнать, какой она национальности, Вы не спросите:

a. Are you Russian? ❑
b. Are you English? ❑
c. Are you Ukrainian? ❑
d. Are you tired?
e. Are you Japanese? ❑

11. Вы хотите взять напрокат машину. Но не очень дорогую!

a. I want to rent an expensive car. ❑
b. I want to leave the car in another city. ❑
c. I want to rent a cheap car. ❑

12. Бензин почти кончился. Слава богу, Вы нашли бензоколонку!

a. It costs a lot. ❑
b. Fill up the tank, please. ❑
c. Check the oil, please. ❑

13. Вы хотите погулять по городу. Что Вам нужно?

a. Do you have water? ❑
b. Do you have a playground? ❑
c. Do you have a map of the city? ❑

ОТВЕТЫ

5.c **6**.c **7**.c **8**.a **9**.b **10**.d **11**.c **12**.b **13**.c

14. Вы спросили, сколько стоит. Какие ответы не подходят?

a. Two miles ❑
b. $15 ❑
c. A liter ❑

15. Посмотрите, на улице идет дождь. Что говорят о погоде?

a. It is nice weather. ❑
b. It is raining. ❑
c. The sky is clear. ❑

16. Вы попали в Нью Йорк в августе. Что Вы хотите знать о погоде?

a. Is it snowing today? ❑
b. Is it hot today? ❑
c. Is it cold today? ❑

17. Как объявляют Ваш полет в аэропорту?

a. Flight #300 to New York is leaving at ten after four. ❑
b. Flight #300 to New York is interesting. ❑
c. Flight #300 to New York costs a lot. ❑

18. Вы можете узнать, когда самолет улетает?

a What time is my flight leaving? ❑
b. Do you travel by car? ❑
c. When will flight #300 arrive? ❑

Прочитайте наш текст. Найдите все притяжательные местоимения. (Их пять)

MARY **Hi, Barbara! Where are you going?**

BARBARA **I'm going to Jane's house. Do you want to come?**

MARY **No, thanks, it's too far. Why don't you come to my house?**

BARBARA **Because I told Jane I'm going to hers!**

MARY **Well, let's call Tom and Ed and go to their house!**

BARBARA **Good idea! Instead of going to your house, we'll meet at theirs!**

ОТВЕТЫ

14. a, c **15.** b **16.** b **17.** a **18.** a

my, hers, their, your, theirs

Помните: Лучше поздно чем никогда, но еще лучше никогда не поздно.

Situation 4: Entertainment

Развлечение

1. Что Вы обычно делаете в Вашингтоне вечером?

   a. We go to the beauty shop. ❑
   b. We go to the pharmacy. ❑
   c. We go to the theater. ❑

2. Вы не спортсменка, но Вы любите путешествовать.

   a. I like bicycling. ❑
   b. I like to travel. ❑
   c. I like to swim. ❑

Situation 5: Let's Order a Meal

Давайте закажем обед

1. Как найти хороший ресторан в иностранном городе? Спросите!

   a. Where is there a shoe store? ❑
   b. Where do you live? ❑
   c. Where is there a good restaurant? ❑

2. Администратор гостиницы рекомендует хороший ресторан.

   a. Could I get a soda at the bar? ❑
   b. This restaurant is very good. ❑
   c. At the next corner. ❑

3. К Вам подходит официант. Что он говорит?

   a. What would you like, sir (madam)? ❑
   b. May I bring you the bill? ❑
   c. I want roast chicken. ❑

4. Как по-английски: "Принесите, пожалуйста, меню".

   a. Would you please bring the menu? ❑
   b. What desserts do you serve? ❑
   c. Do you need the menu? ❑

5. Когда Вы голодны, какое из следующих выражений не поможет?

   a. To have dinner ❑
   b. To have lunch ❑
   c. To have breakfast ❑
   d. To hear ❑
   e. To have a snack ❑

ОТВЕТЫ

4: 1.c 2.b   5: 1.c 2.b 3.a 4.a 5.d

Situation 6: At the Store

В магазине

1. В большом супермаркете Вы найдете все, что нужно. Но иногда интересно посмотреть на маленькие магазины и лавки. Вы знаете, где продаются следующие продукты?

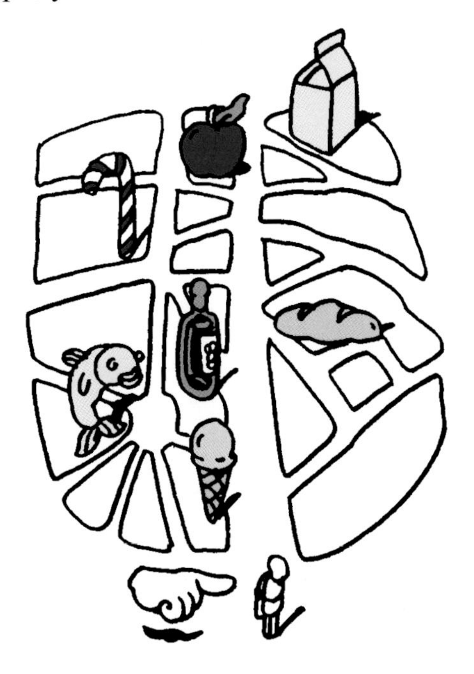

1. milk	a. vegetable store
2. trout	b. liquor store
3. carrots	c. ice cream parlor
4. wine	d. dairy
5. bread	e. meat store
6. steak	f. fish store
7. ice cream	g. bakery

2. Выберите товары, которые продаются специально в женском отделе.

   panties, shirts, neckties, slips, bras, underwear, belts, socks

3. Какой ответ относится к языкам, а не к одежде?

   a. A blue suit, a black jacket, a white shirt

   b. A cotton dress, a green blouse, panty hose

   c. German, French, English

4. Что Вы не услышите в гастрономе?

   a. How much is it?

   b. What size do you wear? What is your size?

   c. Do you have toilet paper?

ОТВЕТЫ

1. 1.d 2.f 3.a 4.b 5.g 6.e 7.c **2.** panties, slips, bras **3.**c **4.**b

5. Вы собираетесь постирать белье. Что Вам нужно?

a. Detergent ____________________

b. Dirty clothes ________________

c. A flower _____________________

d. Coins _______________________

6. Найдите в правой колонке русский перевод английских слов в левой.

1. haircut	a. блондинка
2. scissors	b. бакенбарды
3. moustache	c. завивки
4. a wash and set	d. стрижка
5. waves	e. косметичка
6. to shave	f. ножницы
7. blond	g. усы
8. sideburns	h. мытье и укладка
9. beautician (hairdresser)	i. брить

ОТВЕТЫ

5. a,b,d

6. **1.**d **2.**f **3.**g **4.**h **5.**c **6.**i **7.**a **8.**b **9.**e

7. Где Вы можете услышать следующие вопросы?

a. Can you put a heel on this shoe? (watchmaker's shop, gift shop, shoemaker's shop)
b. Do you have cigarettes? (the tobacco store, the dry cleaner's, the office supply store)
c. How much is this magazine? (the post office, the bank, the newsstand)
d. Will you show me a gold ring? (the clothing store, the jewelry store, the subway)
e. Do you have any notepads? (the office supply store, the meat store, the bus stop)

"Маленькие друзья". Вставьте пропущенные слова.

MARY **Hi, Barbara! Where _________________ you going?**

BARBARA **I'm going to Jane's house. Do you want _________________ come?**

MARY **No, thanks, it's too far. Why _________________ you come to my house?**

BARBARA **Because I told Jane I'm going to _________________!**

MARY **Well, _________________ call Tom and Ed and go to their house!**

BARBARA **Good idea! Instead of going _________________ your house, we'll meet at theirs!**

ОТВЕТЫ

7. a. the shoemaker's b. the tobacco store
c. the newsstand d. the jewelry store
e. the stationery store

Пропуски: are, to, don't, hers, let's, to

Situation 7: Essential Services

Бытовые услуги

1. Скажите кассирше, что Вы хотите обменять дорожные чеки.

   a. When does my flight leave? ❑
   b. Should I take an aspirin? ❑
   c. I would like to exchange these travelers' checks. ❑

2. Вы хотите деньги положить на счет.
   Что Вам нужно?

   a. A withdrawal slip ❑
   b. A deposit slip ❑
   c. A checkbook ❑

3. В банке Вас просят показать паспорт Как они скажут?

   a. Do you need a skirt? ❑
   b. Will you please sign this form? ❑
   c. Do you have your passport? ❑

4. Какие предметы нельзя купить на почте?

   eyeglasses, stamps, packages, postage, boots, booth, postcards, letters, desserts

5. Как Вы начинаете телефонный разговор?

   a. How are you? ❑
   b. I'll see you. ❑
   c. Hello. ❑

ОТВЕТЫ

1. c **2.** b **3.** c **4.** eyeglasses, boots, desserts **5.** c

6. Вы должны позвонить домой. Как можно заказать междугородный разговор?

a. I want to pay my bill.
b. Do I have to give a tip?
c. I want to make a long-distance call.

7. Какой вопрос Вам не задает врач?

a. Do you smoke a great deal?
b. Do you have a sore throat?
c. What time does my train leave?

8. В случае крайней необходимости, что Вы наверняка не скажете?

a. Call the police, please.
b. We need an ambulance.
c. I like to swim.
d. Help!

ОТВЕТЫ

6.c 7.c 8.c